改正相続法・税制改正対応

"守りから攻め"の事業承継対策

税理士法人 タクトコンサルティング 編著

ぎょうせい

はじめに

　中小企業は日本経済を支える礎であり、その継続的な発展は日本経済の発展に不可欠です。中小企業経営者の皆さんにおいては、次世代への円滑な承継を目的とする事業承継対策への関心が高まっています。

　税制面では平成30年度税制改正で従前より大幅に拡充された、非上場株式等にかかる贈与税・相続税の納税猶予および免除制度（「事業承継税制」）の「特例措置」が10年限定で創設され、大いに注目されているところです。

　一方、事業承継の問題の多くはオーナー経営者が所有する非上場株式（自社株式）の承継の問題であり、自社株式は経営権を含む財産ですから、事業承継対策の検討に当たっては、税金以外にも、民法や会社法など関連する法律の理解も不可欠です。特に民法（相続法）が平成30年に改正され、同31（令和元）年より段階的に施行されることから、相続に関する新しいルールを理解することが必要になります。

　以上の点を踏まえて本書では、当法人に所属する税理士が、実務でよく相談を受ける事業承継対策のポイントを、基本から応用まで幅広く65項目ピックアップし、Q&A方式でわかりやすく解説しました。このQ&A65問は、事業承継のポイントについて、税務や法務のしくみを解説したもの（いわば"守り"のQ&A）と、具体的な対策の手法や事業承継税制等の税制の特例のポイントを解説したもの（いわば"攻め"のQ&A）から成り、第1章から第3章までで"守り"の項目を、第4章から第6章で"攻め"の項目について解説しています。中小企業経営者の事業承継対策を考える上で、便利な参考書としてご活用いただける内容であると自負しています。

さらに本書では、各Q&Aの番号の前に★表示で内容のレベル感（★：初級レベル、★★：中級レベル、★★★：上級・専門家レベル）を示し、さらには事業承継でよく相談を受ける11のテーマ別にインデックスを付けて、読者の皆さんが読みやすいように配慮しています。事業承継対策について本書で勉強を始めようとする方は★の付したQ&Aを、既に一通りの知識をお持ちの方は★★の付したQ&Aを、事業承継対策を深いレベルで勉強したい方は★★★の付したQ&Aをお読みいただければ、本書を効果的にご活用いただけると思います。

　本書が、事業承継対策について関心をお持ちの中小企業経営者の方、あるいは経営者の皆さんに助言をされる税理士の先生方にご活用いただければ幸いです。

　なお、本書の内容は、特にことわりのない限り、原則として令和元年7月1日現在施行の法令通達に基づいて執筆しています。今後の法令の改定等により記載内容に変更が生じる場合がありますので、あらかじめお断りしておきます。

令和元年7月

税理士法人タクトコンサルティング

【基本的な用語の定義】

◆本書で使用する基本的な用語の定義は次のとおりです。

・被相続人

　財産を遺して亡くなった者をいいます。

・相続人

　被相続人の財産および債務を承継する者をいいます。

・代襲相続人

　相続人となるべき被相続人の子または兄弟姉妹が、被相続人の相
　続開始前に死亡していた等により相続権を失った場合に、代わり
　に相続人となった被相続人の子または兄弟姉妹の子（被相続人の
　孫や甥・姪）をいいます。

・推定相続人

　現状のままで相続が開始した場合に、相続権がある人をいいます。

・遺贈

　遺言により遺言者の財産を無償で譲ることをいいます。

・受遺者

　遺贈により財産を取得した者をいいます。

・包括受遺者

　包括遺贈（遺贈のうち、遺言により遺言者が相続財産を特定する
　ことなく、その全部または一部を特定の者に無償で譲ることをい
　います。）により財産を取得する者をいいます。

・贈与者

　財産の贈与をする人をいいます。

・死因贈与

　贈与をした者の死亡により効力を生ずる贈与をいいます。

・受贈者

　贈与により財産を取得する者をいいます。

・課税価格

相続税または贈与税の税額算出の直接の基礎となる金額をいいます。

・同族会社

法人税法2条10号に規定する会社をいいます。

◆本文中の用語のうち、本書において便宜的に定義した用語は次のとおりです。

・非上場株式

財産評価基本通達168(3)に規定する「取引相場のない株式」をいいます。具体的には、上場株式・気配相場等のある株式（日本証券業協会の登録銘柄および店頭管理銘柄・公開途上にある株式）以外の株式をいいます。

・非上場会社

非上場株式を発行する株式会社をいいます。

・非公開会社

非上場会社のうち、発行する株式の全部について、譲渡による株式の取得につき、株式会社の承認を要する旨、定款の定めを設けている会社をいいます。

・課税時期

相続、遺贈もしくは贈与により財産を取得した日または相続税法の規定により相続、遺贈もしくは贈与により取得したものとみなされた財産を取得した日をいいます。

・経営承継円滑化法

「中小企業における経営の承継の円滑化に関する法律」をいいます。

・相続税の一般措置

租税特別措置法70条の7の2「非上場株式等についての相続税の

基本的な用語の定義

納税猶予および免除」をいいます。

・贈与税の一般措置

　同70条の7「非上場株式等についての贈与税の納税猶予および免除」をいいます。

・相続税の特例措置

　同70条の7の6「非上場株式等についての相続税の納税猶予および免除の特例」をいいます。

・贈与税の特例措置

　同70条の7の5「非上場株式等についての贈与税の納税猶予および免除の特例」をいいます。

・事業承継税制の特例措置

　「非上場株式等についての相続税・贈与税の納税猶予および免除の特例」をいいます。

・贈与税の個人版事業承継税制

　租税特別措置法70条の6の8「個人の事業用資産にかかる贈与税の納税猶予および免除」をいいます。

・相続税の個人版事業承継税制

　同70条の6の10「個人の事業用資産にかかる相続税の納税猶予および免除」をいいます。

・個人版事業承継税制

　「個人の事業用資産にかかる贈与税・相続税の納税猶予および免除」をいいます。

【事業承継のテーマ別インデックス】

区分	主な事業承継のテーマ	該当する章	該当するQ&A	レベル*
守りのQ&A	①後継者がオーナー経営者の親族（「親族内承継」）の場合と、親族以外の自社の人材（「親族外承継（従業員等）」）の場合の事業承継のあらましが知りたい	第1章	Q1～Q3、Q6	★
	②M&Aによる事業承継（「親族外承継（M&A）」）のあらましが知りたい	第1章	Q4～Q5	★★
	③事業承継に関する国の支援策のあらましが知りたい	第1章	Q7～Q9	★
	④事業承継（親族内承継）にかかわる民法・会社法等のポイントが知りたい	第2章	Q10～Q17	★：Q10、Q11、Q13、Q14 ★★：Q12、Q15～Q17
	⑤事業承継（親族内承継）にかかる相続税・贈与税のポイントが知りたい	第3章	Q18～Q22	★：Q18、Q21、Q22 ★★：Q19、Q20
	⑥事業承継（親族内承継）にかかる非上場株式の税務上の評価のポイントが知りたい	第3章	Q23～Q27	★★
攻めのQ&A	⑦事業承継（親族内承継）対策のうち「後継者が経営権を確保するための対策」が知りたい	第4章	Q28～Q35	★★：Q28 ★★★：Q29～Q35
	⑧事業承継（親族内承継）対策のうち「相続で揉めないようにする対策」が知りたい	第4章	Q36～Q41	★★★
	⑨事業承継（親族内承継）対策のうち「相続税・贈与税を軽減するための対策」が知りたい	第5章	Q42～Q47	★★★
	⑩事業承継（親族内承継）対策のうち「相続税・贈与税の納税の対策」（事業承継税制を除く）が知りたい	第5章	Q48～Q50	★★★
	⑪事業承継税制等の税制の特例のポイントが知りたい	第6章	Q51～Q65	★★★

＊Q&Aのレベル感

★　　　初級（これから事業承継について学ぼうとされる方）レベル

★★　　中級（事業承継について一通りの知識のある方）レベル

★★★　上級（具体的な事業承継対策を深く学びたい方・専門家向け）レベル

目　　次 ────────────────────────────

はじめに

基本的な用語の定義

事業承継のテーマ別インデックス

(★〜★★★はQ&Aのレベル)

第1章　事業承継の方法と国の支援策のポイント

★　　**Q1**　事業承継の方法　・・・・・・・・・・・・・・・・・・・・・・・・・・・・ 2

★　　**Q2**　親族内承継〜後継者決定の注意点〜・・・・・・・・・・・・ 5

★　　**Q3**　親族外承継（従業員等）のポイント・・・・・・・・・・・・ 8

★★　**Q4**　親族外承継（M&A）とは・・・・・・・・・・・・・・・・・・・ 13

★★　**Q5**　株式譲渡によるM&Aの手順・・・・・・・・・・・・・・・・・ 17

★　　**Q6**　事業承継の方法の選択・・・・・・・・・・・・・・・・・・・・・・ 21

★　　**Q7**　事業引継ぎ支援センターによる支援策・・・・・・・・・・ 23

★　　**Q8**　経営承継円滑化法による支援の概要・・・・・・・・・・・・ 25

★　　**Q9**　経営承継円滑化法の金融支援措置・・・・・・・・・・・・・・ 28

第2章　事業承継にかかわる民法・会社法等のポイント

★　　**Q10**　相続分とは・・・・・・・・・・・・・・・・・・・・・・・・・・・・・・ 34

★　　**Q11**　遺産分割の方法・・・・・・・・・・・・・・・・・・・・・・・・・・ 36

★★　**Q12**　非上場株式が未分割である場合の議決権・・・・・・・・ 39

★　　**Q13**　事業承継のため遺言を作成する場合の留意点・・・・ 42

★　　**Q14**　遺言の取消し・・・・・・・・・・・・・・・・・・・・・・・・・・・・ 46

★★　**Q15**　遺留分とは・・・・・・・・・・・・・・・・・・・・・・・・・・・・・・ 48

i

★★ **Q16** 経営承継円滑化法の「民法の遺留分の特例」の概要・適用要件・手続 ･････････････････････ 53

★★ **Q17** 株主総会の決議の要件と主な決議事項 ･･････････ 56

【コラム】 民法改正に伴う遺留分制度の見直しについて〔**Q15**関連〕 ･･････････････････････････ 60

第3章	事業承継にかかる相続税・贈与税のポイント

★ **Q18** 相続税の計算のしくみ ･････････････････ 62

★★ **Q19** 相続税の申告と納付の期限・納税方法とその特例 ･･ 66

★★ **Q20** 申告期限までに遺産分割協議がまとまらなかった場合の相続税の申告と納税 ････････････ 69

★ **Q21** 贈与税の暦年課税制度の計算のしくみ ･････････ 72

★ **Q22** 贈与税の相続時精算課税制度 ･････････････ 76

★★ **Q23** 非上場株式の相続税評価の概要 ･･････････ 80

★★ **Q24** 類似業種比準方式による非上場株式の評価 ･･････ 84

★★ **Q25** 純資産価額方式による非上場株式の評価方法 ････ 89

★★ **Q26** 配当還元方式による非上場株式の評価 ･････････ 92

★★ **Q27** 配当還元方式により評価する非上場株式とは ････ 94

第4章	親族内承継の事業承継対策① 〜経営権確保対策と遺産分割対策〜

★★ **Q28** オーナー経営者が親族の後継者に自社株式を承継させる場合に最も大切なこと ････････････100

★★★ **Q29** 「後継者の経営権確保」と「後継者以外の相続人の遺留分の確保」対策の概要 ･････････････103

★★★ **Q30** 経営権を後継者に集中させる手法 ･･････････106

目　次

★★★　**Q31**　非上場会社における種類株式の取扱いとは‥‥‥‥109

★★★　**Q32**　議決権制限株式を利用した対策‥‥‥‥‥‥‥112

★★★　**Q33**　拒否権付種類株式（いわゆる黄金株）を使った対策‥115

★★★　**Q34**　非上場会社の発行した種類株式の相続税評価‥‥‥118

★★★　**Q35**　属人的株式の利用‥‥‥‥‥‥‥‥‥‥‥‥‥‥122

★★★　**Q36**　信託を利用した事業承継①～遺言の代わりに信託
　　　　　　を利用～‥‥‥‥‥‥‥‥‥‥‥‥‥‥‥‥‥‥‥125

★★★　**Q37**　信託を利用した事業承継②～自社株式の贈与の代
　　　　　　わりに信託を利用～‥‥‥‥‥‥‥‥‥‥‥‥‥‥129

★★★　**Q38**　遺産分割対策としての会社分割の利用方法‥‥‥132

★★★　**Q39**　持株会社を利用した事業承継対策の効果と問題点‥137

★★★　**Q40**　個人から法人に非上場株式を譲渡した場合の税務
　　　　　　上の譲渡価額‥‥‥‥‥‥‥‥‥‥‥‥‥‥‥‥‥142

★★★　**Q41**　個人から法人に時価よりも低い譲渡価額により非
　　　　　　上場株式を譲渡した場合の課税関係‥‥‥‥‥‥147

第5章	親族内承継の事業承継対策② ～相続税・贈与税の軽減対策と納税資金対策～

★★★　**Q42**　相続税の軽減のための非上場株式の株価引下げ対
　　　　　　策の概要‥‥‥‥‥‥‥‥‥‥‥‥‥‥‥‥‥‥‥152

★★★　**Q43**　非上場株式の株価引下げ対策（組織再編成の利用）‥157

★★★　**Q44**　非上場株式の株価引下げ対策（役員退職金の支給）‥161

★★★　**Q45**　非上場株式の株価引下げ対策（不良債権の償却）‥165

★★★　**Q46**　非上場株式の株価引下げ対策（無議決権株式の利用）‥168

★★★　**Q47**　保有株数の減少対策‥‥‥‥‥‥‥‥‥‥‥‥‥171

★★★　**Q48**　個人株主が非上場株式を発行会社に譲渡した場合
　　　　　　の税務上の取扱い‥‥‥‥‥‥‥‥‥‥‥‥‥‥176

iii

★★★ **Q49** 相続により取得した非上場株式を発行会社に譲渡
した個人株主の税務・・・・・・・・・・・・・・・・・・・・・・・・180

★★★ **Q50** 非上場会社が株主との合意により自己株式を取得
する場合の会社法上の取扱い・・・・・・・・・・・・・・・・・・186

第6章 事業承継税制その他事業承継にかかる税制の特例

★★★ **Q51** 非上場株式にかかる相続税の納税猶予および免除
制度（一般措置）・・・・・・・・・・・・・・・・・・・・・・・・・・・192

★★★ **Q52** 非上場株式にかかる贈与税の納税猶予および免除
制度（一般措置）・・・・・・・・・・・・・・・・・・・・・・・・・・・201

★★★ **Q53** 非上場株式にかかる贈与税の納税猶予の打切り時
における相続時精算課税制度の適用・・・・・・・・・・・209

★★★ **Q54** 事業承継税制の「特例措置」の概要・・・・・・・・・213

★★★ **Q55** 贈与税の特例措置の適用を受けるための「贈与者」
の要件・・・・・・・・・・・・・・・・・・・・・・・・・・・・・・・・・・・・220

★★★ **Q56** 相続税の特例措置の適用を受けるための「被相続
人」の要件・・・・・・・・・・・・・・・・・・・・・・・・・・・・・・・・224

★★★ **Q57** 特例承継計画の概要・・・・・・・・・・・・・・・・・・・・・・227

★★★ **Q58** 相続税の特例措置における「雇用確保要件の弾力
化」・・・・・・・・・・・・・・・・・・・・・・・・・・・・・・・・・・・・・・236

★★★ **Q59** 事業の継続が困難な事由が生じた場合の納税猶予
税額の免除・・・・・・・・・・・・・・・・・・・・・・・・・・・・・・・・239

★★★ **Q60** 個人の事業用資産にかかる贈与税・相続税の納税
猶予および免除（「個人版事業承継税制」）の概要
と、その対象となる「特定事業用資産」・・・・・・・・242

★★★ **Q61** 贈与税の個人版事業承継税制の適用要件と適用を
受けるための手続・・・・・・・・・・・・・・・・・・・・・・・・・246

目　次

★★★　**Q62**　贈与税の個人版事業承継税制における納税猶予される贈与税額の計算、猶予の打切りおよび免除‥253

★★★　**Q63**　相続税の個人版事業承継税制の適用要件と適用を受けるための手続‥‥‥‥‥‥‥‥‥‥‥‥‥‥‥259

★★★　**Q64**　相続税の個人版事業承継税制における納税猶予される相続税額の計算、猶予の打切りおよび免除‥266

★★★　**Q65**　中小企業・小規模事業者の再編・統合等にかかる登録免許税・不動産取得税の軽減措置‥‥‥‥‥‥271

参考文献

編著者紹介

第**1**章

事業承継の方法と
国の支援策のポイント

★ 事業承継の方法

Q1
事業承継の方法としては、どのようなものがあるでしょうか。

事業承継には、①親族内承継②親族外承継（従業員等に対するもの）③M&Aがあります。それぞれの承継方法にはメリットとデメリットがありますので、後継者の決定は慎重に行う必要があります。

解説

1 事業承継の現状

　帝国データバンクの調査によると、社長の平均年齢は59.7歳と過去最高を更新し高齢化が止まりません（図表参照）。国内企業の約3分の2が後継者不在と言われており、後継者を決定することは容易でないのが実情です。このため、高齢経営者の後継者不在による休廃業、解散を選択する企業も少なくありません。これらの多くは事業承継対策を早期に行わなかったことにより直面する問題であり、高齢化の進む日本では、今後企業の休廃業や解散が増加していく可能性があります。

　事業承継の方法としては、現オーナー経営者の親族内から後継者を決定する方法（以下「親族内承継」）、親族以外の自社の役員や従業員の中から後継者を決定する方法（以下「親族外承継（従業員等）」）、社外の第三者に会社を売却する方法（以下「親族外承継（M&A）」）が考えられます。

第1章　事業承継の方法と国の支援策のポイント

図表　社長の平均年齢

出典：「全国社長年齢分析（2019年）」株式会社帝国データバンク

② 事業承継の方法と特長

1　親族内承継

　親族内承継とは、オーナー経営者の子どもや娘婿、兄弟姉妹などの親族が後継者となる事業承継をいいます。

　中小企業では、親から子への事業承継が自然であり、一般的に社内の従業員や社外の取引先、銀行等の理解が得られやすいメリットがあります。また、後継者を一人前の経営者に育てるには長期間の教育が必要ですが、その親族に経営意欲があれば早い段階から経営のノウハウを教えることができ、事業承継を円滑に行うことができます。

2　親族外承継（従業員等）

　親族外承継（従業員等）とは、オーナー経営者の親族に後継者としてふさわしい人物がいない場合に、自社内の親族以外の役員または従業員が後継者となる事業承継をいいます。

　親族外承継（従業員等）は、現経営者の親族に後継者がいない場合でも候補者を探すことができ、社内業務に精通している従業員等を後継者にするので、他の従業員に理解を得られやすいのが特長です。

3 親族外承継（M&A）

　M&Aとは、合併（Merger）と買収（Acquisition）を意味する英語の頭文字を重ねた言葉であり、簡単に言えば会社そのものを売り買いすることです。オーナー経営者の親族や自社の従業員に事業を承継する適当な後継者がいない場合には、従業員の雇用の維持や取引先の仕事を確保し、また、経営者の老後の生活資金を得るため、M&Aにより会社そのものを売却し、第三者に経営してもらうことも選択肢の一つとして考えられます。これまで中小企業にとって、M&Aはあまりなじみのないものと考えられがちでしたが、最近は少子化による親族内承継の減少に伴い、利用件数が増えています。

③　留意点

　事業承継を円滑に進めるためには、オーナー経営者が自社の状況を正確に把握し、その情報を後継者に伝える必要があります。情報伝達が不正確な場合、後継者が経営判断を誤ることがありますので注意しなくてはなりません。

　親族内承継による事業承継の場合、既に社会人として他社に就職し、役職等の責任を負っていることも考えられるので、早めに本人の了承を得ることが必要です。

　親族外承継（従業員等）による事業承継の場合にも、親族内承継と同様に後継者として教育し、環境の整備を整えて早めに本人の了承を得ることが必要です。いずれの場合にも、先延ばしにせずに、現経営者の親族や会社関係者と意思疎通を図りながら、早めの対策を行うことが重要となります。

（山崎　信義）

第1章 事業承継の方法と国の支援策のポイント

親族内承継～後継者決定の注意点～

オーナー経営者の親族を後継者とする場合に注意すべき点は何でしょうか。

　　　後継者の決定に際しては、まず関係者の理解を得ることが不可欠です。後継者には経営を行うための知識を学ばせ、教育することも必要です。また、オーナー経営者の財産の承継について、後継者への経営権の集中にあわせて、後継者以外の相続人の遺留分（後述）の確保が不可欠です。

解説

オーナー経営者の親族を後継者とする場合には、次の点に注意する必要があります。

①　関係者の理解を得ること

　オーナー経営者がやるべきなのは、早いタイミングで候補と考えている親族に後継者として指名したい旨を知らせて、本人からの了解をとりつけることです。特に後継者候補が複数いる場合は、早期の指名がポイントになります。そして、非後継者である親族に対する配慮も重要になります。この後にも述べますが、後継者候補には株式や事業用資産を、非後継者にはその他の資産を分配する等、親族間で争いが起きないようにすることが法人の経営を安定させることに繋がります。

　また、事業承継は親族内部だけでなく外部の方にとっても重大な問題です。たとえば取引先や金融機関等の利害関係者に大きな影響を及ぼします。ですので、あらかじめ事業承継計画を作成して話をしてお

5

くことが最低限必要であり、それに基づいて利害関係者からの協力を得ながら承継を実行することができれば、より円滑に後継者へのバトンタッチができます。

そして、会社内部の役員・従業員に対しても配慮が必要です。ただし、古くからその会社に勤めている方からすると、「私は先代の下だから働いてきたのだ」という気持ちを持っていたり、後継者候補を小さい頃からずっと知っているという関係性があるため、まだ子どもだと思っていた人が社長として自分よりも上に立つという複雑な心情が芽生える可能性があります。たしかに中小企業の場合、人材の確保が難しいため、経験を積んだ古参のベテラン社員を辞めさせることに抵抗があることがありますが、割切ることも必要です。できれば、後継者と同世代の人に交代していくことが望ましいでしょう。

② 経営に必要な知識を学ばせ、教育して実務を通じて経験を積ませること

後継者を1人前の経営者として育成するには、なるべく早い段階から教育や実務の経験を積ませることが大切です。教育には、社内で行うものと社外で行うものがあります。

社内で行う教育には、たとえば、後継者候補をその法人内の各部門をローテーションさせながら現場で学ばせ、その法人の現場が今どのようになっているかを、現場の雰囲気を肌で感じさせることなどが挙げられます。将来的に必要になる現場感覚を備えさせ、社内の現場を誰よりも知っていることが、リーダーとして手腕を発揮する経営者になるために必要な教育です。

また、部門責任者などの地位につけて経営者候補に権限を移譲させて現場を任せることも社内教育の例として考えられます。これは、どちらかというと、前段の現場の内容を把握し終わった次のステップとして考えられる社内教育であり、失敗をしながらも成功体験という自信に繋が

第1章　事業承継の方法と国の支援策のポイント

る経験を積ませるために行うものです。成功した場合には、社内の従業員や社外の利害関係者からの信頼を得ることができて効果的です。

それに対して社外で行う教育には、自分の会社ではなく、通常の一般企業で勤務させることや、中小企業大学校等の外部の研修機関主催のセミナーへ参加させること等が挙げられます。

たとえば、後継者候補が学校を卒業したばかりで社会人経験がない場合、そのままその承継対象会社に入社させてしまったら、社会を知らないため、非常識な行動や発言等をしてしまい、従来から働いている従業員や取引先等に迷惑をかけてしまう可能性があります。そのため、まずは他の企業で一般社員として社会人としての経験を積ませることで、社会の常識を身につけさせることができます。そして社外で働くことは、様々な人脈をつくることにも繋がり、将来経営者になったときにその培った人脈を会社の経営に活かすことができるというメリットもあります。

中小企業大学校は、独立行政法人中小企業基盤整備機構が設置し、中小企業者に対する経営方法及び技術の研修などを行う機関です。ここでは経営者となるべき人材を育成することを目的として多様で高度な研修を行っており、後継者候補が将来抱えるであろう経営課題の解決方法を学ぶことができ、経営者としての能力を高めることができます。

③　財産の分配について配慮すること

オーナー経営者の財産の分配については、後継者への経営権の集中と後継者以外の相続人の遺留分（第2章Q15参照）の確保が必要となります。子と後継者以外の相続人の間ではしばしば問題が生じます。このため、後継者には、自社株式を集中させることが重要であり、最低でも議決権総数の50％超、望ましくは重要な事項が決議できる議決権総数の3分の2以上の議決権を取得させることが大切です。

これらの対策は民法と税法がからむ複雑な内容なので、早期より専門家とともに対策を検討することが必要です。　　　　　（山崎　信義）

★ 親族外承継（従業員等）のポイント

Q3

オーナー経営者の親族以外の自社の役員または従業員を後継者とする「親族外承継（従業員等）」を行う場合のポイントは何でしょうか。

親族外承継（従業員等）を行う場合は、親族内承継と同じく株式取得資金の確保と個人保証の問題を解決することがポイントとなります。

解説

1 親族外承継（従業員等）のポイント

図表1-1、1-2のとおり、事業承継の方法としての親族内承継は、近年減少傾向にあります。そして、親族内承継ができないことにより事業継続を断念する事例も増えてきています。これらの理由から、オー

図表1-1 事業承継時期別の現経営者と先代経営者との関係（小規模事業者の場合）

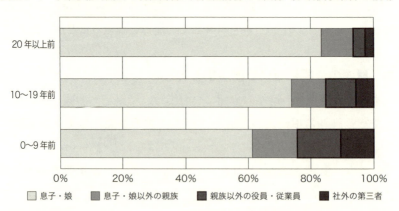

（注）小規模事業者とは、中小企業基本法2条第5項に規定する「小規模企業者」をいい、おおむね常時使用する従業員の数が、卸売業、小売業又はサービス業に属する事業を主たる事業として営む者については5人、それら以外の業種は20人以下の事業者をいいます。

出典：2013年版　中小企業白書

第1章　事業承継の方法と国の支援策のポイント

図表1-2　事業承継時期別の現経営者と先代経営者との関係（中規模企業の場合）

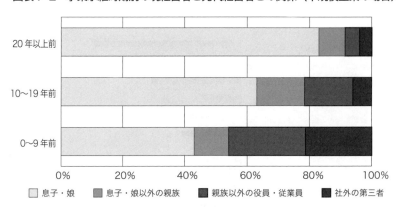

□ 息子・娘　　■ 息子・娘以外の親族　　■ 親族以外の役員・従業員　　■ 社外の第三者

（注）中規模企業とは、中小企業基本法2条第1項に規定する「中小企業者」（Q8参照）のうち、図表1-1の小規模企業者以外の事業者をいいます。

出典：2013年版　中小企業白書

ナー経営者の親族以外の自社の役員や従業員を後継者とする、「親族外承継（従業員等）」を選択するケースが増えています。

　オーナー経営者が自分の親族以外の人を後継者とする場合に、どのようなことを問題と感じているかについて、次の2で解説してみます。

2　親族以外の人を後継者とする場合の問題点

　図表2によると、やはり親族以外の人を後継者とする場合でも、親族内承継と同じように、利害関係者からの理解を得ることと、経営を行うための教育・養成をすることが難しいと感じているのが分かります。このため、この2点を解決するのは前提条件としてもちろん重要となってきます。そして注意すべき点は、企業内承継の場合、親族内の承継よりも関係者の理解を得るのにより多くの時間を要することが多いことでしょう。

　次にこのアンケートによると、問題に感じていると回答が特に多い事由は、①後継者の「株式取得資金の確保」ができるかどうかと、②「個人保証の引継」です。

図表2　規模別の親族以外に事業を引き継ぐ際の問題のアンケート調査

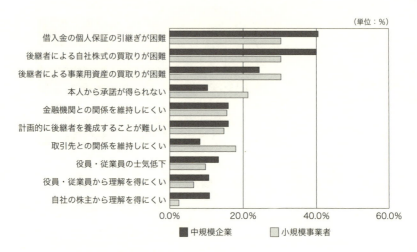

出典：2013年版　中小企業白書

　①の「株式取得資金の確保」については、一般的に歴史の長い会社や、業績の良い会社は株価が高くなり、経営権を握るために必要な株式を取得しようとすると相当な金額が必要になってきます。その資金をその後継者が用意することが特に困難になってきます。

　その解決策としては、その会社の資産や将来のキャッシュフローを担保として金融機関から資金を調達することや、経営承継円滑化法の活用（本章Q8、Q9参照）などが考えられます。

　次に②の「個人保証の引継」については、オーナー経営者が会社経営から離れる以上、後継者が会社の保証人になることが求められる場合があります。この場合、後継者の負担を軽減するために債務の圧縮に努めるとともに、「経営者保証に関するガイドライン」*に基づいた金融機関との交渉や、後継者の債務返済に見合った役員給与の設定を検討する必要があります。

＊経営者保証に関するガイドライン

　「経営者保証に関するガイドライン」は、中小企業庁と金融庁の後押しで、日本商工会議所と一般社団法人全国銀行協会を事務局とする「経営者保証に関するガイドライン研究会」での検討の結果、まとめられたもので、経営者保証を提供せず融資を受ける際や保証債務の整理の際の中小企業・経営者・金融機関共通の自主的なルールとして位置づけられています。

　経営者保証に関するガイドラインでは、経営者の個人保証について以下の内容が定められており、このガイドラインを活用することにより、一定の経営状況[注]にある中小企業については、経営者保証なしでも融資を受けられる可能性が高まります。

・法人と個人が明確に分離されている場合等に、経営者の個人保証を求めないこと。

・多額の個人保証を行っていても、早期に事業再生や廃業を決断した際に一定の生活費等（従来の自由財産99万円に加え、年齢等に応じて100万円～360万円）を残すことや、「華美でない」自宅に住み続けられることなどを検討すること。

・保証債務の履行時に返済しきれない債務残額は、原則として免除すること。

　（注）上記の「一定の経営状況」とは、経営者保証に関するガイドラインの活用に際して中小企業に求められる経営状況をいい、具体的には次の①～③をいいます。

　　①　法人と個人の分離

　　　　融資を受けたい企業は、役員報酬・賞与・配当、オーナーへの貸付など、法人と経営者の間の資金のやりとりを、「社会通念上適切な範囲」を超えないようにする体制を整備し、適切な運用を図る。

　　②　財務基盤の強化

融資を受けたい企業は、財務状況や業績の改善を通じた返済
能力の向上に取り組み、信用力を強化する。

③　適時適切な情報開示

　　融資を受けたい企業は、自社の財務状況を正確に把握し、金
融機関などからの情報開示の要請に応じて、資産負債の状況や
事業計画、業績見通し及びその進捗状況などの情報を正確かつ
丁寧に説明することで、経営の透明性を確保する。その情報開
示は、公認会計士・税理士など外部専門家による検証結果と合
わせた開示が望ましい。

　なお、経営者保証ガイドラインの活用に関する相談については、最
寄りの中小企業基盤整備機構地域本部等、商工会・商工会議所等にお
問合わせください。

（山崎　信義）

第1章　事業承継の方法と国の支援策のポイント

★★
親族外承継（M&A）とは

Q4

親族外承継の一手法としてM&Aが選択されるケースが増えていると聞きますが、このケースにおけるM&Aの具体的な手法について教えてください。

POINT

M&Aの手法には、合併や株式譲渡の他、株式交換、会社分割、事業譲渡があります。

事業承継対策において、どの手法を選択するのかは売り手側と買い手側の事情によって異なりますが、中小企業のオーナー経営者が売り手となるM&Aの場合、通常は会社法等の手続が簡単で、かつ、譲渡代金を直接取得することができる株式譲渡が選択されます。

解説

① 事業承継の選択肢としてのM&Aの手法

オーナー経営者の親族や自社に事業を承継してくれる適当な候補者がいない場合に、会社の事業を存続させ、従業員の雇用を維持し、取引先の仕事を確保するため、あるいは経営者自身の老後の生活資金を得るため、中小企業においても、事業承継の選択肢として、会社やその事業をM&Aにより社外の第三者に売却し、経営を引継いでもらうケースが増えています。

この場合のM&Aの手法には様々なものがあり、例えば、中小企業のオーナー経営者が経営する会社の事業の全部を譲渡する場合には、次のような手法があります。

1　株式譲渡

オーナー経営者が、経営する会社の株式をすべて買い手に譲渡し、

13

その対価として金銭を取得する方法をいいます。

2　吸収合併

　吸収合併とは、2つ以上の会社が法定の手続によって、合併により消滅する会社の権利義務の全部を、合併後存続する会社に承継させることをいいます。事業承継の手法として吸収合併を活用する場合、売り手側の株主であるオーナー経営者が、M&Aによる会社売却の対価として買い手側の会社（合併後存続する会社）の株式を取得することになります。

3　株式交換

　株式交換とは、自社株式と他社株式とを交換することで、その他社を自社の100％子会社とすることをいいます。事業承継の手法として株式交換を活用する場合、売り手側の会社は買い手側の会社の100％子会社となり、売り手側の会社の株主であるオーナー経営者が、M&Aによる会社売却の対価として買い手側の会社の株式を取得することになります。

4　吸収分割

　吸収分割とは、株式会社または合同会社がその事業に関して有する権利義務の全部または一部を分割後、既存の会社に承継させることをいいます。

5　事業譲渡

　事業譲渡とは、会社がその事業の全部または一部を他の会社に譲渡する契約をいいます。事業承継の手法として事業譲渡を活用する場合、売り手側の会社が、M&Aによる事業売却の対価として、買い手側の会社から金銭を取得することになります。事業譲渡の場合、買い手側

第1章　事業承継の方法と国の支援策のポイント

の会社は原則として売り手側の会社の簿外債務のリスクを負う必要が
ないので、売り手側の会社に簿外債務の存在が懸念されたりする場合
に利用されます。

　前述の5つの手法のうち、どの手法を選択するのかは売り手と買い
手の事情によって異なりますが、中小企業のオーナー経営者が売り手
となるM&Aの場合、会社法等による手続が簡単な株式譲渡と事業譲
渡が選択されるケースが一般的です。また、その2つの手法のなかで
も、売り手であるオーナー経営者は、M&Aの対価（譲渡代金）を直
接取得できる株式譲渡を希望することが多いようです。

② 株式譲渡と事業譲渡の比較

　中小企業のM&Aの代表的な手法である株式譲渡と事業譲渡につい
て、その特徴を比較してまとめると次の**図表**のとおりになります。

図表　株式譲渡と事業譲渡の比較

	株式譲渡	事業譲渡（譲受）
売り手	会社を譲渡しようとする株主（オーナー経営者）が売り手となります。	事業を譲渡しようとする会社が売り手となります。
必要な手続	【売り手】 譲渡する株式が、その譲渡について発行会社の承認を要する株式（譲渡制限株式）である場合、その会社の承認が必要となります（会社法107条第1項1号）。	【売り手】 事業の全部または事業の重要な一部を譲渡する場合は、株主総会の特別決議が必要となります（会社法467条第1項1号、2号、309条第2項11号）。 【買い手】 売り手側の会社の事業の全部を譲受ける場合は、株主総会の特別決議が必要となります（会社法467条第1項3号、309条第2項11号）。

15

	株式譲渡	事業譲渡（譲受）
長　所	【売り手】 ・オーナー経営者がM&Aの対価（譲渡代金）を直接取得できます。 【買い手】 ・買収する会社の許認可を引き継ぐことができます。	【売り手】 ・会社事業の一部を譲渡することができ、事業の選択と集中ができます。 【買い手】 ・買収したい事業のみを取得することができます。 ・売り手側の会社の簿外債務（注）の負担を避けることができます。
短　所	【買い手】 ・売り手側の会社の簿外債務（注）の負担が生じます。	【売り手】 ・事業譲渡の対価は会社が取得し、オーナー経営者が直接取得することができません。 ・事業譲渡後の会社を清算する場合、処理手続に費用がかかります。 【買い手】 ・売り手側の会社の許認可は、原則として引継ぐことができません。 ・事業譲受に伴い不動産を取得する場合は、不動産取得税や登録免許税がかかります。

（注）簿外債務としては、次のようなものがあります。
　　・連帯保証債務
　　・公租公課の追徴金・延滞金
　　・従業員への未払残業代
　　・保有不動産の土壌汚染や公害問題
　　・係争事件による訴訟債務

（川嶋　克彦）

第1章　事業承継の方法と国の支援策のポイント

★★
株式譲渡によるM&Aの手順

Q5

株式譲渡によるM&Aの手順について教えてください。

株式譲渡によるM&Aの手続は、後述の解説のとおり、①準備、②実行、③M&A後（ポストM&A）の三段階で進めていきます。

解説

M&Aの各段階における手続のポイントは以下のとおりです。

① 準備段階
1　手続の概要

準備段階では、通常M&Aの仲介機関の選択をするところから手続を始めます。仲介機関としては、民間のM&A仲介専門会社や、国が全国に設置する事業引継ぎ支援センター（本章Q7参照）があります。仲介機関が譲渡の対象となる会社（譲渡会社）の内容を把握した後、売り手であるオーナー経営者は、仲介機関とどのようなM&A形態で、どのような条件（役員の処遇、従業員の雇用等）で、どのような先に、どのくらいの譲渡価額により譲渡を希望するのか等、条件の打合せをします。

さらに、譲渡会社が買手にとって魅力的な会社とするために、次のような会社体質の改善を行っておきます。

① 無駄な経費の削減
② 事業に無関係な資産の処分等
③ 会社のセールスポイントの絞込み
④ 役職員への計画的な権限委譲・社内規定の整備
⑤ 各種契約書等の整備

⑥　オーナー経営者と企業間の取引の整理（金銭貸借、役員社宅等の賃貸借、ゴルフ会員権、社用車、交際費等）

⑦　株主の整理（名義株主、所在不明株主、相続時の未分割株式等）

2　秘密の保持

　準備段階と次の2の実行段階において最も注意すべきことは、M&Aの情報が社内外に洩れないようにすることです。M&Aに関する情報が洩れたことによって、M&Aが取り止めになったり、従業員や取引先が動揺して譲渡会社の業績悪化を招くことは絶対に避けなければなりません。M&Aの情報はできるだけ少人数で共有し、取引先等外部の第三者はもとより、役員、従業員などに対しても洩れることがないよう細心の注意を払う必要があります。このため、情報が漏洩しないように売り手側と仲介機関との間で秘密保持契約を締結しておくのが一般的です。

2　実行段階

1　手続の概要

　実行段階では、(1)買い手候補先への打診・条件交渉、(2)基本合意書締結、(3)デューディリジェンス（Due　Diligence：買収監査）、(4)株式譲渡契約書の締結、(5)クロージング（資金決済）の手順で手続を進めていきます。

⑴　買い手候補への打診・条件交渉

　買い手候補がM&Aに関心を示した場合、秘密保持契約書を取り交わした上で財務諸表等の基本資料を提示します。その後、買い手候補が買収の意欲を示した場合は、譲渡価額や従業員の雇用要件等の条件交渉を行います。

⑵　基本合意書の締結

　売り手と買い手が、株式譲渡に関する基本条件（買い手に対する

株式譲渡の独占的交渉権の付与、譲渡価額・譲渡の時期・デューディリジェンスの実施等）について合意したときは、基本合意書を締結します。買い手候補が複数ある場合には、基本合意書を締結することにより買い手が一社に絞り込まれます。基本合意書の締結後に、株式譲渡の完了に向け、デューディリジェンスその他の手続が実施されます。

⑶　デューディリジェンス

買い手側が実施するデューディリジェンスには、財務・税務・法務・ビジネスの４種類があり、実務上は財務デューディリジェンスが主要な部分となります。財務デューディリジェンスは、次の視点から実施します。

①　資産の実在性（除却洩れはないか。存在しない資産が帳簿に載っていないか）

②　資産の時価（不良資産、回収不能債権、含み損資産はないか）

③　負債の網羅性（保証債務、税務債務、訴訟等の簿外債務の存在）

デューディリジェンスにより譲渡する会社に問題が発見された場合、基本合意で定めた譲渡価額が修正されることもありますが、売り手は都合の悪いことでも隠し事をしないことが求められます。

⑷　株式譲渡契約書の締結

譲渡制限株式の場合、この段階で発行会社に対して株式の譲渡承認を得るための手続を行う必要があります（本章Q4 ②参照）。

⑸　クロージング

株式譲渡代金の決済等を行い、M&Aが完了します。

2　株式譲渡契約書の主な記載項目

株式譲渡契約書に記載される主な項目は、次のとおりです。

⑴　譲渡する株式に関する詳細の記載

株主とその所有株式数を記載します。

⑵　**役員変更事項**

　譲渡代金の決済と引き換えに、売り手の会社の旧役員は辞任し、買い手の会社が指定する取締役、監査役が選任される旨を記載します。

⑶　**株主・旧役員の担保責任**

　役員変更時点を区分として、責任項目とその担保方法を明示します。

⑷　**前提条件を明示した株式譲渡価額の記載**

　株式譲渡価額について、その算定の前提条件を記載し、譲渡契約時と株式譲渡時で財産内容が変化したときの精算についても記載しておきます。

⑸　**引渡書類・印鑑などの詳細の記載**

　譲渡代金の授受と同時に、買い手が売り手から譲渡会社に関するすべての書類や印鑑類の引渡しを受けますが、その目録を記載しておきます。

⑹　**表明保証**

　買い手の要望により、売り手が提出した譲渡会社の最終貸借対照表がその会社の財産状況と負債の状況を正しく表示していること等を「表明」し、「保証」する旨の条項が株式譲渡契約書に記載することがあります。

③　M&A後（ポストM&A）段階

　M&A後の譲渡会社と買い手が融和を図りながら、新体制を築いていきます。なお、M&Aの実行後であっても、経営陣が一挙に入れ替わらない場合もあります。円滑な事業承継を図るため、譲渡会社の実情をよく知るオーナー経営者が一定期間、取締役や相談役として経営に従事するケースも見受けられます。

（川嶋　克彦）

事業承継の方法の選択

Q6
会社の将来性や後継者の有無により、事業承継の方法はどのように選ぶべきでしょうか。

中小企業における事業承継の方法は、後継者候補の有無や会社の将来性に応じ、親族内承継・親族外承継（従業員等）・親族外承継（M&A）の３つの方法から選択します。現経営者の親族に後継者候補がいる場合は親族内承継を選択し、親族内に後継者候補がいない場合には、親族外承継（従業員等）または親族外承継（M&A）を選択します。

オーナー経営者の身近に後継者候補が見つからず、かつ会社の将来に不安がある場合には、廃業を検討することになります。

解説
1 会社の将来性の違いによる承継の方法の検討
1 その会社が置かれている状況

会社オーナーはどんな状況であれ、自分で興した会社であれば、自らが引退したあとも、どんな形でも存続して成長して欲しいと考えると思います。事業承継の方法は、その会社の置かれている外部環境や、その会社自体の財政状態がどのようかによって、ベストな事業承継をし、もしくは廃業という形を取ることとなります。

そもそも自社を客観的に分析した場合に、市場環境の変化があったとしても会社の競争力を将来的に保つことができるかどうかを分析する必要があります。つまり、存続させるべき会社なのか将来性を見極めることが重要です。

このとき、難しいところではありますが、その会社を取り巻く環境

を何十年先まで予測するのは不可能に近いでしょう。ただ、5年ぐらい先の予測であれば、オーナー経営者による見通しや現状の財務健全性を踏まえ、自社がどうなっているかが予測できるはずです。

　この予測をもとに、今後も自社の事業は成長し続けるであろう、あるいは現状を維持することが可能であると考えるのであれば、事業承継を行っていくべきでしょう。

　次に現状はうまくいっており、財務的な健全性も確保できているが、今後の市場変化の際にはどのようになるかほとんど予想がつかないときは、事業承継の準備をしつつも慎重に行う必要があるでしょう。最後に、自社の経営がうまくいっておらず、事業の好転を予測するのは難しい場合には、会社や不振事業部門の売却、廃業を視野にいれながら、事業承継を考えるべきでしょう。

【まとめ】

・後継者候補が親族内にいる場合
　⇒親族内承継
・後継者候補が親族内にいない場合
　⇒親族外承継（従業員等）、親族外承継（M&A）
・後継者がいない場合、M&Aの買い手が見つからない場合
　⇒廃業

（山崎　信義）

★ 事業引継ぎ支援センターによる支援策

Q7

後継者不在の中小企業の事業承継を支援するため、国が設置している事業引継ぎ支援センターの概要を教えてください。

オーナー経営者の親族や自社の役員または従業員に後継者がいない場合に、M&A等により社外に後継者を求めることを「事業引継ぎ」といいます。国は、事業引継ぎ支援センターを全国47都道府県に設置し、事業引継ぎの支援事業を行っています。

また事業引継ぎ支援データベースを運用することで、M&Aの成約率の向上を図っています。

解説

1 事業引継ぎ支援センターの設置

後継者候補がいない中小企業及び小規模事業者の事業引継ぎを支援するため、国は「事業引継ぎ支援センター」を設置しています。事業引継ぎ支援センターでは、後継者問題を抱える中小企業・小規模事業者の事業引継ぎや事業承継の促進・円滑化を図るために、課題の解決に向けた適切な助言、情報提供およびマッチング支援等をワンストップで行います。また、創業希望者と後継者不在事業主等とのマッチングも行います。事業引継ぎ支援センターには、金融機関OBや士業の方で事業引継ぎに関して専門的知識を有する専門家が配置されており、公平で中立な立場でアドバイスをしてくれます。

事業引継ぎ支援センターは「産業競争力強化法」(平成26年1月施行)に基づき、商工会議所等が国から委託を受けて実施している機関であり、相談については無料で対応しています。

② 事業引継ぎ支援データベースの運用

　事業引継ぎ支援データベースは、中小企業及び小規模事業者の抱える後継者候補不在という課題を解消するために、平成27年4月1日より各都道府県に設置されている事業引継ぎ支援センターにて運用が開始されました。

　事業引継ぎ支援データベースは、地域の枠を超えて企業間でのM&Aの成約に繋げることを目的とし運用され、各都道府県に設置されている事業引継ぎ支援センター内のみで利用されていた企業情報を全国本部へ集約し、その企業情報を全センターで共有することで、マッチングの可能性を高めています。

（山崎　信義）

第1章　事業承継の方法と国の支援策のポイント

経営承継円滑化法による支援の概要

Q8

国の中小企業の事業承継の支援策を定めた「経営承継円滑化法」（中小企業における経営の承継の円滑化に関する法律）の概要について教えてください。

　　　　　経営承継円滑化法では、わが国の地域経済と雇用を支える中小企業の事業活動の継続を図るため、民法の遺留分制度による制約への対応、経営者の死亡に伴う資金調達の支援や事業承継税制の拡充（非上場株式・個人の事業用資産にかかる相続税・贈与税の納税猶予および免除制度）など、事業承継に関する個人の国の支援策が定められています。

解説

1　経営承継円滑化法の制定の趣旨

中小企業のオーナー経営者が保有する個人財産のうち、自社株式や事業用資産（以下「自社株式等」）が占める割合が大きく、さらに経営権の確保の観点から自社株式等を後継者に承継させる必要があります。

自社株式等の承継の際には主に次の3つの課題があり、これらの課題に対して経営承継円滑化法の中で対応策を講じています。

課題1：自社株式等の後継者への集中と遺留分による制約

⇒対応策：遺留分に関する民法の特例（第2章Q16参照）

① 後継者が先代のオーナー経営者から贈与により取得した自社株式を遺留分の対象から除外し、相続による株式の分散を防止します。【除外合意】

② 遺留分の算定上、後継者が先代のオーナー経営者から贈

与により取得した自社株式の価額をあらかじめ固定し、後継者の貢献による株価上昇分を遺留分減殺請求の対象外とします。【固定合意】

課題2：事業承継に伴い生じる多額の資金需要の発生

⇒対応策：金融支援措置（本章Q9参照）

先代経営者の死亡等による事業承継に伴い、必要となる資金調達を支援するため、①中小企業信用保険法の特例および②株式会社日本政策金融公庫法および沖縄振興開発金融公庫法の特例が設けられています。

課題3：自社株式・個人の事業用資産の承継にかかる多額の税負担

⇒対応策：①非上場株式等にかかる相続税・贈与税の納税猶予および免除制度（第6章Q51～Q59参照）

②個人の事業用資産にかかる贈与税・相続税の納税猶予および免除制度（「個人版事業承継税制」・第6章Q60～Q64参照）

①先代経営者から後継者が相続または贈与により自社株式を取得した場合、または②個人の先代事業者から後継者が相続または贈与により先代事業者の事業用資産を取得した場合には、一定の要件を満たすことにより、その株式または事業用資産にかかる相続税・贈与税のうち一定額の納税が猶予（先延ばし）され、最終的には免除されます。

わが国の中小企業は地域経済と雇用を支えており、中小企業の事業活動を継続するためには、**課題1～3**を解決して円滑に事業承継を進めることが重要です。このため国の支援策を定める法律として、「中小企業における経営の承継の円滑化に関する法律」（経営承継円滑化

法）が平成20年5月に制定されました。

② 経営承継円滑化法の適用対象

　経営承継円滑化法に規定する特例の適用対象となるためには、まず次の図表の「資本金」「従業員数」の要件のいずれかを満たす会社または個人事業主（「中小企業者」・経営承継円滑化法2条）であることが必要です。この中小企業者のうち、さらに一定の要件を満たすものが、遺留分に関する民法の特例、金融支援措置、非上場株式にかかる相続税・贈与税の納税猶予および免除制度または個人版事業承継税制の適用対象となります。

図表　中小企業者の範囲

業　種		資本金	又は 従業員数
製造業その他	下記以外	3億円以下	300人以下
	ゴム製品製造業（一部除く）＊		900人以下
卸　売　業		1億円以下	100人以下
小　売　業		5千万円以下	50人以下
サービス業	下記以外	5千万円以下	100人以下
	ソフトウェア・情報処理サービス業	3億円以下	300人以下
	旅館業	5千万円以下	200人以下

＊ゴムホース、ゴム手袋やゴム草履業等がある

（芦沢　亮介）

★ 経営承継円滑化法の金融支援措置

Q9 経営承継円滑化法における金融支援措置（会社とその代表者に対するもの）の概要について教えてください。

 先代経営者の死亡や退任による事業承継に伴い、必要となる資金を調達するため、都道府県知事の認定を受けた中小企業者とその代表者個人（後継者）に対して、信用保険の拡大と低利融資の措置が設けられています。

解説

1 金融支援措置の概要

1 創設の趣旨

　先代経営者の死亡や退任による事業承継に伴い、先代経営者が保有する自社株式や事業用資産を後継者が承継しようとすると、買取る場合にはその資金、贈与や相続でこれら財産を取得する場合には贈与税・相続税の納税資金など、多額の資金が必要になります。しかし、金融機関や取引先企業に対する後継者の信用力が不十分の場合、その資金調達が困難になる場合があります。

　そこで国は、会社や後継者である会社の代表者（事業を承継した会社や後継者のほか、事業を承継しようとする会社や個人を含みます。）が事業承継にかかる資金を必要とする場合について、経営承継円滑化法12条に基づく都道府県知事の認定を要件に、次の金融支援措置を設けています。

2 金融支援措置の概要

(1) 中小企業信用保険法の特例（経営承継円滑化法13条）

　① 中小企業者である会社の特例（同第1項・第3項）

　この特例は、民間金融機関による融資の際の信用保証協会の保証に

ついての特例であり、事業承継に伴い中小企業者（会社）が行う自社株式や事業用資産の買取資金や信用状態が低下しているその会社の運転資金等に対する融資について、信用保証協会の保証枠を別枠とするものです。通常、信用保証協会の保証枠は3億円ですが、事業承継に関しては別に3億円が追加され、融資の保証枠の合計は6億円とされます。

　②　中小企業者である会社の代表者（後継者）の特例（同第2項、第4項）

　この特例は、中小企業者（会社）の代表者（後継者）を、中小企業信用保険法における中小企業者とみなし、普通保険（限度額2億円）、無担保保険（同8,000万円）、特別小口保険（同2,000万円）の対象とするものです。

　なお、この特例の対象となる資金とは、次のイ～ニに限定されている（経営承継円滑化法施行規則14条）ので、注意が必要です。

　イ．中小企業者（会社）の代表者（代表者であった者を含む。）の死亡または退任による経営の承継に伴い、株式や事業用資産を取得するための資金

　ロ．先代経営者の相続に関し、後継者が自社株式や事業用資産を確保するために支払う遺産分割の代償金、遺留分の減殺に対する価額弁償金

　ハ．後継者が相続、遺贈または贈与（以下「相続等」）により先代経営者から取得した自社株式や事業用資産等に課税される相続税や贈与税を納めるための資金

　ニ．イ～ハ以外に、その会社の事業活動の継続のため特に必要な資金

⑵　**株式会社日本政策金融公庫法および沖縄振興開発金融公庫法の特例（経営承継円滑化法14条第1項・第2項）**

　この特例は、都道府県知事の認定を受けた中小企業者（会社）の代表者（後継者）が必要とする資金で、その中小企業者の事業活動の継続に必要なものにつき、政府系金融機関である株式会社日本政策金融公庫および沖縄振興開発金融公庫から、後継者個人が融資を受けるこ

とができるというものです。この特例の適用を受ける場合、金利は特別に低い利率が適用されます。

なお、この特例の対象となる資金とは、次の①〜⑤に限定されている（経営承継円滑化法施行規則15条）ので、注意が必要です。

① 後継者が先代経営者より相続した債務で、事業用資産を担保とするものの返済資金

② 後継者が先代経営者の死亡または退任による経営の承継に伴い、自社株式や事業用資産等を買取る場合（第三者の会社に対する貸付金や未収金を弁済する場合も含む。）に必要となる資金

③ 先代経営者の相続に関し、後継者が自社株式や事業用資産等を確保するために支払う遺産分割の代償金、遺留分の減殺に対する価額弁償金

④ 後継者が相続等により先代経営者から取得した自社株式や事業用資産等に課税される相続税や贈与税を納めるための資金

⑤ ①〜④以外に、会社の事業活動の継続のため特に必要とする資金

② 都道府県知事の認定

1 認定を受けるための要件

会社が金融支援措置の適用にかかる都道府県知事の認定を受けるためには、その会社が中小企業者（本章Q8参照）に該当し、かつ上場会社等以外の会社であることが必要です。それに加えて、先代経営者の死亡または退任により事業承継をする際に、次の(1)〜(9)の事由に該当していることが必要です（経営承継円滑化法施行規則6条第1項）。

(1) 先代経営者の死亡または退任に伴い、後継者が経営の安定化のため、自社株式や事業用資産等を買い取るための資金を必要としていること

(2) 後継者が、相続等により先代経営者から会社の株式等や事業用資

第1章　事業承継の方法と国の支援策のポイント

産等を取得したために、多額の相続税や贈与税の納税資金を必要としていること（後述(7)および(8)に該当する場合を除く）

(3)　経営者の交代により取引先からの信用力が低下したため、売上高等が前年同期の3月間と比較して80％以下に減少することが見込まれること

(4)　経営者の交代により取引先からの信用力が低下したため、主な仕入先から申請者にとって不利益となる取引条件（仕入額の総額の20％以上の仕入額を占める仕入先から支払サイトを短縮される等）を設定されたこと

(5)　経営者の交代により取引先金融機関からの信用力が低下したため、主な取引先金融機関（借入金額の総額の20％以上の借入金額を占める取引先金融機関）からの借入れについて、返済期間の短縮、貸付金利の上昇、借入金額の減少や与信取引の拒絶等により困難になったこと

(6)　自社株式や事業用資産を確保するため、遺産分割の代償金の支払を命じる判決の確定等があったこと

(7)　非上場株式等にかかる贈与税の納税猶予および免除制度の対象会社であること

(8)　非上場株式等にかかる相続税の納税猶予および免除制度の対象会社であること

(9)　(1)〜(8)以外に、会社の事業活動の継続に支障を生じさせること

2　手　続

1の都道府県知事の認定を受けるためには、所定の申請書および添付書類を提出して申請する必要があります。この申請の窓口は、申請する会社の主たる事務所が所在する都道府県の担当課となります。

都道府県の担当課の連絡先は、中小企業庁のホームページで確認できます。

31

【中小企業庁ホームページアドレス】

http://www.chusho.meti.go.jp/zaimu/shoukei/2019/190418kinnyu
shienmadoguchi.pdf

　なお、①2(1)(2)の特例の適用を受けるためには、都道府県知事の認定とは別に、金融機関や信用保証協会による融資の審査を受ける必要がありますので、注意が必要です。

（芦沢　亮介）

第2章

事業承継にかかわる
民法・会社法等のポイント

★ 相続分とは

Q10 相続分について教えてください

相続分とは、被相続人の相続財産のうち相続人が承継する割合をいいます。相続分には、被相続人が遺言によって決定する相続分である「指定相続分」と、相続人間の公平を考慮して民法で定められている相続分である「法定相続分」の2つあります。

解説

1 相続分とは

民法899条では「各共同相続人は、その相続分に応じて被相続人の権利義務を承継する」と規定されています。この相続分とは、被相続人の相続財産のうち、相続人が承継する割合のことをいいます。相続人が1人であれば、相続財産は全てその相続人が承継しますが、相続人が複数いる場合には相続財産を相続人間で分けて承継することになります。なお、被相続人の権利義務とは、被相続人の相続財産を指しています。この相続分には、「指定相続分」と「法定相続分」という概念があります。

2 法定相続分

法定相続分とは、相続発生後の相続人の生活に配慮して相続人間の公平を図る理念の下、民法で定められている相続分のことをいいます（次ページの図表を参照）。

この法定相続分は、遺言がない場合に相続人間の話し合いだけでは相続財産の分割の合意ができない場合等において相続分の法律上の目安となるものであり、分割の基準として尊重されるべきものです。し

第2章　事業承継にかかわる民法・会社法等のポイント

図表　相続人の態様別の法定相続分

1　相続人が（配偶者）と（子）の場合〈民法900条1号〉

例	法定相続分		摘要
相続人 ・配偶者 ・子供2人	配偶者 1/2		
	子 1/2	子A　1/2×1/2	子が複数いる場合には、子はそれぞれ均等割合（民法900条4号）
		子B　1/2×1/2	

2　相続人が（配偶者）と（直系尊属〈父母等〉）の場合〈民法900条2号〉

例	法定相続分		摘要
相続人 ・配偶者 ・直系尊属	配偶者 2/3		
	直系尊属 1/3	父　1/3×1/2	直系尊属が複数いる場合には、それぞれ均等割合（民法900条4号）
		母　1/3×1/2	

3　相続人が（配偶者）と（兄弟姉妹）の場合〈民法900条3号〉

例	法定相続分		摘要
相続人 ・配偶者 ・兄弟姉妹（兄弟）	配偶者 3/4		
	兄弟姉妹 1/4	兄　1/4×1/2	父母の一方のみ同じである者は父母の両方とも同じ者の1/2（民法900条4号ただし書）
		妹　1/4×1/2	

たがって、遺産を相続人間で分割する際には原則として法定相続分が基準となりますが、相続人全員の同意があれば必ずしも法定相続分の割合で分けなければならないというわけではありません。

③　指定相続分

　指定相続分とは、被相続人の意思で決定する相続分のことをいいます。被相続人は遺言によって、各相続人がどれだけの相続財産を承継するかを、自ら指定することができます（民法902条第1項）。

(芦沢　亮介)

★ 遺産分割の方法

Q11
遺産分割の方法について教えてください。

相続が発生した場合、被相続人の遺言がなければ、基本的には被相続人の遺産は相続人全員による共有状態になります。これを相続人全員の協議により各遺産を分割することで、個々の相続人に帰属させて共有状態が解消することになります。

遺産分割の方法には「現物分割」「代償分割」「換価分割」がありますが、その所有財産の大半が自社株式等の事業用資産である中小企業のオーナー経営者の遺産分割においては、「現物分割」の他、相続人のうち後継者が相続分を超えて自社株式等の相続財産を現物で取得し、その代償として、後継者が他の相続人に対して自己の固有財産を提供する「代償分割」も広く行われています。

解説

1 遺産分割の概要

遺産分割は、相続人全員で共有している財産が対象であるため、相続人全員で協議して行う必要があります。相続人は遺産分割協議により遺産の分割方法について話し合いをし、話し合いがまとまった後に遺産分割協議書を（通常は相続人の数だけ）作成し、参加者全員の署名捺印をします。不動産登記等の相続手続の関係上、遺産分割協議書には実印を捺印し、参加者全員の印鑑証明書を添付するのが実務の取扱いとなっています。なお、最終的に相続人全員の同意があれば、各相続人は「法定相続分」（本章Q10参照）にかかわらず、遺産の分割を行うことができます。

民法上、遺産分割に期限はありません。ただし、相続税の申告期限

が相続開始のあった日の翌日から10ヶ月以内であることから、相続税の申告や納税が必要な場合には、その申告期限までに遺産分割を完了させるのが一般的です。

② 遺言と遺産分割

被相続人の遺言があれば、基本的には遺言に従って遺産は分割されます。

遺言に全ての遺産についての分割方法を指定していない場合には、指定のない遺産については、相続人全員の合意により遺産の分割方法を決定することになります。

③ 遺産（相続財産）の範囲

遺産分割の対象となる遺産とは資産（土地、家屋、株式、預金等）のみが対象であり、債務（借入金、未払金等）は含まれません。被相続人の債務は、相続の発生と同時に各相続人に法定相続分に応じて当然に分割され、遺産分割協議によってその負担を決めるものではないとされています（東京高裁昭和37年4月13日決定）。

たとえば、特定の相続人が事業用資産を相続する代わりに、被相続人の債務の全てを相続するという遺産分割をした場合でも、債権者（金融機関など）は、各相続人に対して債務額の法定相続分を請求することができます。債権者との関係上、遺産分割の内容と同様の効果を受けるためには、債務を承継する相続人と債権者の間で、「免責的債務引受契約」を締結することが必要です。

④ 遺産分割の方法

遺産分割の方法には「現物分割」「代償分割」「換価分割」があり、そのポイントをまとめると次の図表のとおりとなります。

図表　遺産分割の方法

現物分割	たとえば「預金と自宅の土地建物は配偶者に、自社株式は後継者である長男に、農地は長男と次男で1/2ずつ共有で」というように、個々の遺産をあるがままのの形で分割する方法
代償分割	たとえば「収益物件を長男が取得する代わりに、長男は次男に1,500万円支払う」というように、一部の相続人が現物を取得し、他の相続人には、その現物を取得した相続人が一定の金銭を支払うという分割方法
換価分割	たとえば「土地を3,500万円で売却し、配偶者が2,000万円を、長男と次男が750万円ずつ取得する」というように、遺産を売却し、その売却代金を配分するという方法

　相続人XとYが相続財産を分割する場合、Xは自社株式、Yは他の財産というように、個々の相続財産をそれぞれ相続人に分配する「現物分割」を行うことが一般的です。しかし、遺産分割の実務においては、「代償分割」も広く行われています。

　たとえば、相続財産の大部分が自社株式である非上場会社のオーナー経営者の遺産分割において、後継者である相続人Xが経営権の確保の観点からその自社株式を全て取得することを希望し、後継者ではない相続人Yも民法上の法定相続分相当額の取得を希望しているとします。このような場合、単純な遺産分割の方法では各相続人の希望を満たすことは困難であるため、代償分割の方法を採ります。具体的には、後継者であるXが、自社株式をすべて取得する代償として、相続人Yが法定相続分相当額を取得できるように自己の固有財産をYに提供することになります。

（芦沢　亮介）

★★
非上場株式が未分割である場合の議決権

Q12

遺産分割協議がまとまらず、相続財産である非上場株式が未分割である場合の議決権の取扱いについて教えてください。

民法上、未分割の株式については、遺産分割が確定するまで複数の相続人の共有とされ、議決権その他の株式にかかる権利の行使については、原則として相続人の過半数により権利を行使する者を一人定め、その氏名を株式会社（＝株式の発行会社）に通知することが必要とされます。

解説

① 相続財産である株式が未分割である場合の株式についての権利

株式その他の相続財産は、遺産分割が確定するまで複数の相続人の共有とされます（民法898条）。所有権以外の財産権を複数の者が有する場合の法律関係を「準共有」ともいいますが、株式が（準）共有されている場合は、民法264条により、民法の共有に関する規定（民法252条〜263条）が準用されます。

相続財産である株式が未分割であり、相続人間で共有となっている場合、会社法106条により、株式についての権利を行使するためには、権利を行使する者を一人定め、その氏名を株式会社に通知することが必要であり、それをしなければ、株式会社がその権利を行使することに同意した場合を除き、権利行使ができません。

未分割の株式について、その権利を行使する者は、準共有されている株式の持分の過半数により決定されるものと考えられます。これは、準共有されていた有限会社の持分につき、その権利行使者の決定方法を「その持分の価格に従いその過半数をもってこれを決する」とした

平成9年1月28日最高裁判決の考え方を準用し、その判決における「その持分」を「その（未分割の）株式」に、「価格」を「共有者としての持ち分に相当する株数」と読み替えて適用することが合理的だからです。

　なお、会社法106条の規定は、株式会社側の同意さえあれば、複数の相続人のうちの一人が単独で議決権を行使できるようにも読めますが、このような方法による議決権の行使を違法とした平成24年11月28日東京高裁判決があるので、注意を要します。未分割の株式について、複数の相続人のうちの一人が単独でその権利を行使する場合は、たとえ株式会社側で同意を得られる場合であっても、株主間のトラブルや株主総会の決議の有効性をめぐる争いを避けるため、前述の最高裁の判示の考え方に従って相続人間の協議により権利を行使する者を選定すべきと考えるのが無難といえます。

② 【事例】未分割株式についての議決権行使の方法

【問】
　被相続人甲は、X株式会社（X社）の株式600株（普通株式）を遺して亡くなりました。甲は遺言を作成していません。甲の相続人は長男A、次男B、三男Cの3人です。X社の発行済株式数は1,000株、うち被相続人甲が600株、後継者であるAが400株保有していました。甲が保有していたX社の株式600株について遺産分割が確定していない場合、その600株の株式の議決権の行使はどのように行われるのでしょうか。

【回答】
　①により、相続人A・B・Cの3人は、その600株につき、それぞれ3分の1ずつ持分を有しています。この3人のうち2人が合意をす

れば、未分割のX社株式600株について過半数をもって議決権を行使する者を選定できます。

たとえば、相続人のうち準共有の持分3分の1（600株×1/3＝200株）をそれぞれ持つBとCが合意をすれば、600株についての過半数を制し、Aの意向にかかわらずBまたはCを株式の権利（たとえば議決権）を行使する者と定めることができます。これによってBとCはX社の議決権総数の過半数にあたる600株分の議決権を有し、Aを抑えて会社の経営権を握ることが可能になります。

この事例では、「相続人Aは甲の保有株数600株×1/3＝200株を保有し、Aが相続前から所有する400株と合わせて600株保有するので、AはX社の支配権を握れる。」と考える方も多いのですが、会社法上ではそのような定めをしていません。

甲が後継者は長男Aが適任と考え、Aへの確実な事業承継を実現したいのであれば、生前にX社株式をAに贈与しておくか、遺言でX社株式を含めた財産の配分をしておく等の配慮が必要です。

（芦沢　亮介）

事業承継のため遺言を作成する場合の留意点

Q13

中小企業のオーナー経営者が、自社株式を後継者に承継させるため遺言を作成する場合の留意点を教えてください。

POINT オーナー経営者が遺言を作成することにより、後継者には自社株式を中心に相続させ、後継者以外の相続人には自社株式以外の財産を相続させるなど、円滑な事業承継を進めるための財産承継を自らの意思で行うことが可能です。この場合、相続争いを避けるためには、後継者以外の相続人の遺留分を確保する内容の遺言とすることが不可欠です。

解説

1 遺言の概要

1 遺言の意義

個人は、遺言を作成することによって、自らの遺産の配分について自分の意思を反映することができます。たとえば、遺言により特定の資産を特定の相続人へ承継させることができます。また、法定相続人ではない個人や法人に遺産を承継させることもできます（法定相続人ではない個人や法人は相続権がないため、遺言がなければ遺産を取得することはできません）。さらに、法定相続分と異なる相続分を指定（指定相続分）することもできます（民法902条第1項・本章Q10 3 参照）。

遺言は、次の2で定める民法に定める方式に従って作成する必要があり（民法960条）、その方式を満たさない場合には、遺言として無効とされます。

2　遺言の方式

遺言の方式には、「自筆証書遺言」「公正証書遺言」「秘密証書遺言」の三種類がありますが、一般的によく作成される遺言の方式は、「自筆証書遺言」と「公正証書遺言」です。

自筆証書遺言は、遺言書の全文と日付を<u>全て自分で書き</u>、氏名を自署し、押印する方法（民法968条）による遺言をいいます。したがって、代筆やパソコンで文章を打ち込んだものは、自筆証書遺言には該当しません。

ただし、平成31年1月13日以後に作成する自筆証書遺言に添付する財産目録については、偽造防止のために財産目録の各頁に自署・押印することを要件に、自筆で作成する必要がなくなりました（民法968条第2項、民法改正法附則1条第1項2号）。したがって上記の財産目録については、①自筆ではなくパソコンで作成すること、②銀行通帳のコピーや不動産の登記事項証明書等を目録として添付すること、③遺言者以外の者が作成することが可能です。

一方、公正証書遺言は、遺言者が遺言の趣旨を公証人に伝え、公証人がこれを筆記し、遺言者及び証人が、その筆記が正確であることを承認した後、各自これに署名し、押印する方法（民法969条）による遺言をいいます。

自筆証書遺言と公正証書遺言の長所と短所を比較すると、次頁の図表のとおりになります。

非上場会社のオーナー経営者が事業承継対策のために遺言を作成する場合は、紛失や偽造、隠匿、要件不備による無効の心配がなく、さらには家庭裁判所の検認手続が不要である公正証書遺言が一番確実な方法といえます。

図表

	自筆証書遺言	公正証書遺言
筆　記	遺言者が全文を自筆で作成 ただし、財産目録については自筆によらないで作成することも可能	公証人が筆記（遺言者の口述の筆記）
証　人	不要	利害関係者以外の2人以上の証人必要
検認（注）	必要	不要
費　用	かからない	公証人に対する手数料が必要
長　所	・一人で作成できる。 ・遺言の存在・内容を秘密にできる。 ・費用がかからない。	・原本が公証役場で保管されるので、遺言の紛失、偽造、隠匿のおそれがない。 ・公証人が作成に関与するので、要件不備による無効のおそれを回避できる。
短　所	・遺言の紛失、偽造、隠匿のおそれがある。* ＊「法務局における遺言書の保管等に関する法律」（令和2年7月10日施行。以下「保管法」）により、遺言者は、遺言者の住所地もしくは本籍地又は遺言者が所有する不動産の所在地を管轄する遺言書保管所（法務大臣が指定する法務局・法務局の支局・出張所等）に対して、自筆証書遺言の保管を申請できるようになります（保管法1条、2条、4条第1項、第3項）。さらに遺言の保管に当たっては、遺言書保管官による本人確認手続が行われます（同5条）。これにより、自筆証書遺言における紛失、偽造、隠匿のリスクは解消されます。 ・要件不備による無効のおそれがある。	・証人が2人以上必要となる。 ・遺言作成に手間と費用がかかる。 ・証人から遺言の内容が漏れるおそれがある。

（注）検認とは、相続人に対し遺言の存在およびその内容を知らせるとともに、遺言の形状、加除訂正の状態、日付、署名など検認の日現在における遺言の内容を明確にして遺言の偽造・変造を防止するための家庭裁判所による手続をいいます。

　　保管法9条および11条の規定により、遺言者の死亡後、遺言者の相続人、受遺者、遺言信託の受益者として指定された者等は、遺言書保管所に保管されている自筆証書遺言について「遺言書情報証明書」の交付申請をすることができるようになり、家庭裁判所における検認手続が不要となります。

第2章　事業承継にかかわる民法・会社法等のポイント

② オーナー経営者が事業承継のために遺言を作成する場合の留意点

1　全相続人の遺留分の確保

　非上場会社のオーナー経営者が遺言を作成する場合、最も注意しなければいけないのは、後継者及び後継者以外の全相続人の遺留分（民法1042条・本章Q15参照）を確保する内容にすることです。

　遺留分を有する相続人は、相続による自分の取り分が遺留分より少ない場合、多くの財産を取得した者に対して請求することにより、財産を取り戻すことができます。ただし、相続人間でこれを実行すれば、親族間の信頼関係が崩れてしまい、相続争いが起きるおそれが大です。オーナー経営者が遺言を作成する場合には、全相続人（特に後継者以外の相続人）の遺留分が確保される内容にするべきです。

2　遺言執行者の指定

　遺言執行者は、相続人の代理人とみなされ（民法1015条）、財産目録の作成と相続人への交付、相続財産の管理など、遺言内容の実現に必要な手続を行います（民法1011条、1012条）。遺言執行者は、未成年者又は破産者以外であれば、誰でもなれます（民法1009条）。

　遺言者が遺言で遺言執行者の指定をするかどうかは任意であり、また遺言に遺言執行者の指定がない場合は、相続人等の利害関係人の請求によって家庭裁判所が選任することも可能です（民法1010条）。ただし、遺言者の意思を早期に実現するためには、遺言で予め遺言執行者を指定しておくことが望ましいといえます。

（芦沢　亮介）

遺言の取消し

Q14
遺言を作成した後で、その内容を取消すことはできますか。

民法上、遺言者は、いつでも、遺言の方式に従って、その遺言の全部又は一部を撤回（取消）することができます。

解説

1 遺言の撤回

　遺言者は、いつでも、遺言の方式に従って、その遺言の全部又は一部を撤回することができます（民法1022条）。遺言の撤回については、「遺言の方式に従って」行うことが求められるので、作成済みの遺言を撤回したい場合には、新たに遺言を作成する必要があります。

　この場合の遺言の方式（自筆証書遺言、公正証書遺言または秘密証書遺言）は、撤回の対象となる遺言の方式と一致させる必要はありません。たとえば、自筆証書遺言の撤回を公正証書遺言で撤回することもできます。

2 前の遺言と後の遺言の内容が抵触（矛盾）する場合

　前の遺言が後の遺言と抵触するときは、その抵触する部分については、後の遺言で前の遺言を撤回したものとみなされ（民法1023条）、後の遺言が有効とされます。たとえば、個人甲が平成29年5月1日に「株式をすべて長男に相続させる」内容の遺言を作成し、その後、平成29年7月1日に「株式をすべて次男に相続させる」内容の遺言を作成した場合、平成29年5月1日作成の遺言の「株式をすべて長男に相続させる」という部分は、平成29年7月1日作成の遺言によ

り撤回され、甲の遺言としては「株式をすべて次男に相続させる」が有効な内容となります。

③ 遺言の取消し・書き換えが必要な場合

遺言を作成した後、遺言者の意向やその所有する財産の状況に変化があった場合には、遺言を取消し、新たな内容の遺言に書き換える必要があります。

特に、遺言により財産を取得するものとされた人（受遺者）が遺言者よりも先に亡くなった場合、亡くなった受遺者が遺言により取得することになっていた財産は、遺言者の相続人の（未分割）財産となるので、注意が必要です（民法994条、995条）。亡くなった受遺者の相続人が、遺言により財産を取得することはできません。

（森　繁之助）

★★ 遺留分とは

Q15
遺留分について教えてください。

遺留分とは、被相続人の兄弟姉妹以外の法定相続人に保障された、遺産について最低限留保されなければならない割合のことをいいます。遺留分を侵害された相続人は、受遺者または受贈者に対し、遺留分侵害額に相当する金銭の支払いを請求することができます。

解説

1 遺留分制度の趣旨

被相続人の財産は、基本的には、被相続人の意思で自由に処分することができます。しかし、例えば、被相続人が相続人以外の第三者、または一部の相続人に対して全財産を贈与または遺贈したような場合には、他の相続人は全く財産を取得できないということも考えられます。

このような場合に、その者が被相続人に扶養されていたような相続人であるときは、その相続人の生活に支障をきたすことになりますし、また、その者が被相続人の財産の形成に寄与していたような相続人であるときは、その寄与が無視される結果となります。

そこで、民法では、相続財産のうち一定割合については遺留分として、一定の相続人に権利を留保することとしています。

2 遺留分権利者と遺留分の割合

遺留分が認められる人（遺留分権利者）は、兄弟姉妹以外の相続人です。兄弟姉妹は、たとえ相続人になったとしても遺留分がありません。父母や祖父母といった直系尊属のみが相続人であるときは、被

相続人の財産の3分の1が遺留分権利者（相続人である直系尊属）全体の遺留分となります。その他の場合の遺留分は2分の1です（民法1042条第1項）。

遺留分権利者が複数いる場合には、上記の割合に、それぞれの法定相続分を乗じた割合が、各相続人の遺留分の割合になります（民法1042条第2項）。

例えば相続人が配偶者と子2人の場合、配偶者の遺留分は4分の1（＝1/2×1/2）、子1人当たりの遺留分は8分の1（＝1/2×1/2×1/2）です。

③　遺留分の算定基礎財産

1　計算方法

次の算式により計算した金額が、遺留分の算定基礎財産の価額です（民法1043条）。

> 相続開始時の被相続人の財産の価額＋被相続人が生前に贈与した一定の財産の価額－債務の全額

上記算式中、「相続開始時の被相続人の財産の価額」および「被相続人が生前に贈与した一定の財産の価額」は、いずれも**相続開始時点の価額（時価）**です。また、「被相続人が生前に贈与した一定の財産の価額」は、贈与後にその財産の滅失（売買や贈与による経済的滅失も含む）があった場合や、使用、修繕、改良等によりその価額に増減があった場合でも、相続開始時に原状のままであるものとみなして評価します（民法1044条第2項、904条）。

2　「被相続人が生前に贈与した一定の財産の価額」の範囲

遺留分の算定基礎財産に加算される「被相続人が生前に贈与した一定の財産の価額」の範囲は次のとおりです（民法1044条、1045条

第1項)。

内　容	加算対象となる期間
(1)　被相続人と受贈者が遺留分権利者に損害を加えることを知ってした贈与	期間制限なし
(2)　上記(1)以外で、相続人に対する婚姻・養子縁組のためまたは生計の資本としての贈与	〔令和元年6月30日以前に開始した相続〕期間制限なし〔令和元年7月1日以後に開始した相続〕相続開始前10年間
(3)　上記以外の贈与	相続開始前1年以内

④　遺留分侵害額の請求

1　請求の方法

　遺留分権利者およびその相続人等は、遺留分を確保するために、遺留分侵害額の請求をすることができます（民法1046条）。この場合の請求の相手は遺留分を侵害する者であり、具体的には、遺言により相続分の指定を受けた相続人、遺言により被相続人の財産を取得した者、被相続人から生前に一定の贈与を受けた者等です。

　遺留分侵害額の請求は、遺留分を害する者に対して意思表示をすれば、書面でも口頭でもかまいません（民法1046条、最高裁昭和41年7月14日判決）。実務上は、遺留分を侵害する者に対し、内容証明郵便により通知を行うのが一般的だと思われます。

2　請求の期間制限（時効）

遺留分侵害額請求権は、次の場合に消滅します（民法1048条）。

(1)　遺留分権利者が、相続開始および遺留分を侵害する贈与または遺贈があったことを知った時から1年間行使しないとき

(2)　相続開始から10年間経過したとき

3　受遺者または受贈者の負担額

受遺者または受贈者（以下「受遺者等」という。）は、遺贈または贈与の目的の価額（受遺者等が相続人である場合には、その価額からその相続人が受けるべき遺留分の額を控除した残額）を限度として、遺留分侵害額を負担します（民法1047条）。負担順のルールは次のとおりです。

順位	負担者
1	受遺者
2	受贈者（日付が新しいものから）

＊複数の遺贈や、同時に複数の贈与がある場合には、目的物の価額の割合に応じて負担する（ただし、遺言に別段の定めがあれば、それに従う）。

5　遺留分の放棄

推定相続人（現状のままで相続が開始した場合に、相続権がある人）は、家庭裁判所の許可を受けることにより、被相続人の生前に遺留分を放棄することができます（民法1049条第1項）。家庭裁判所では、遺留分を放棄する理由の合理性、必要性、代償財産の有無等を考慮して許可の判断をしますが、遺留分の放棄が、被相続人の働きかけによるものであり、相続人の真意によるものと認められない場合などには、許可されないこともあります。

6　遺留分侵害額請求権（令和元年6月30日以前に開始した相続の場合は「遺留分減殺請求権」）の行使の効果

1　令和元年7月1日以後に開始した相続の場合〔改正後の民法規定が適用される〕

遺留分侵害額の請求があった場合には、その金額に相当する金銭債権が生じます（民法1046条第1項）。

遺留分権利者から金銭の支払請求を受けた受遺者等が、金銭を直ち

に準備できない場合には、その受遺者等は、裁判所に対し、金銭債務の支払いにつき期限の許与を求めることができます（民法1047条第5項）。

2　令和元年6月30日以前に開始した相続の場合〔改正前の民法規定が適用される〕

遺留分の減殺請求がされると、遺留分権利者は物権的請求権をもちます（各財産に対する遺贈や贈与は遺留分を侵害する限度で失効し、受遺者等が取得した権利はその限度で当然に遺留分権利者に帰属します）。

なお、民法改正に伴う遺留分制度の見直しについては、本章末尾のコラムをご参照ください。

（宮田　房枝）

第2章 事業承継にかかわる民法・会社法等のポイント

★★
経営承継円滑化法の「民法の遺留分の特例」の概要・適用要件・手続

Q16

中小企業のオーナー経営者が事業承継のために自社株式を後継者に贈与した場合、経営承継円滑化法に規定する民法の遺留分の特例が受けられると聞きました。その特例の概要や特例の対象となる会社・株式の贈与者（先代経営者）・受贈者（後継者）の要件および適用を受けるための手続について教えてください。

経営承継円滑化法に規定する民法の遺留分に関する特例は、中小企業の後継者が自社株式の議決権の過半数を先代経営者から民法の遺留分の制約を受けずに承継できるように、一定の要件を満たす場合には遺留分算定の基礎となる財産に算入する、その自社株式の範囲や価額について特例を認めたものです。

解説
1 民法の遺留分の特例制度の概要
1 生前贈与株式を遺留分の対象から除外できる制度（除外合意）

経営承継円滑化法に規定する「除外合意」とは、先代経営者の生前に、経済産業大臣の確認を受けた後継者が、遺留分が認められる人（遺留分権利者）全員との合意内容について家庭裁判所の許可を受けることで、先代経営者から後継者へ生前贈与された自社株式その他一定の財産について、遺留分算定の基礎となる財産から除外できる制度をいいます（経営承継円滑化法5条）。これにより、事業継続に不可欠な自社株式等にかかる遺留分減殺請求を受けることを未然に防止することができ、自社株式が分散してしまうことを回避することができます。

2　生前贈与株式の評価額をあらかじめ固定できる制度（固定合意）

民法上、遺留分の算定対象とされる被相続人が贈与した財産の価額は、贈与後にその財産の改良等により価額の増加があった場合、相続時の時価で評価されることとなります（民法1044条、904条。本章Q15③参照）。

たとえば、先代経営者から後継者に自社株式の贈与をした後に、後継者の貢献により株式価値が上昇した場合でも、遺留分の算定に際しては相続開始時点の上昇後の評価でされてしまうため、後継者の会社経営の意欲を低下させてしまうおそれがあります。

そこで、このような問題を回避するために、経営承継円滑化法では民法の特例として、「固定合意」が設けられています。

「固定合意」は、経済産業大臣の確認を受けた後継者が、遺留分権利者全員との合意内容について家庭裁判所の許可を受けることで、遺留分の算定に際して、生前贈与株式の価額を、その合意時の評価額で予め固定できる制度をいいます（経営承継円滑化法4条）。

②　民法の特例の対象となる会社、株式の贈与者及び受贈者とは

1　特例中小企業者の要件

民法の特例の対象となる会社を「特例中小企業者」といいます。

「特例中小企業者」とは、経営承継円滑化法2条に規定する「中小企業者」（第1章Q8参照）のうち、3年以上事業を継続して行っている会社で、金融商品取引法に規定する金融商品取引所に上場されている株式会社等以外のもの（＝非上場会社）をいいます（経営承継円滑化法3条第1項、経営承継円滑化法施行規則2条）。

2　旧代表者（株式の贈与者）の要件

民法の特例の対象となる株式の贈与者（POINTや①でいうところの「先代経営者」にあたります。）を「旧代表者」といいます。

第2章　事業承継にかかわる民法・会社法等のポイント

「旧代表者」とは、特例中小企業者の元代表者又は現代表者であって、他の者に対して、前述1の特例中小企業者の議決権のある株式等の贈与をしたものをいいます（経営承継円滑化法3条第2項）。

3　後継者（株式の受贈者）の要件

民法の特例の対象となる株式の受贈者を「後継者」といいます。

「後継者」とは、次の(1)または(2)のいずれかに該当する者で、特例中小企業者の総株主の議決権の過半数を有し、かつ、その特例中小企業者の代表者であるものをいいます（経営承継円滑化法3条第3項）。

(1)　旧代表者からその特例中小企業者の株式等の贈与を受けた者

(2)　旧代表者から特例中小企業者の株式等の贈与を受けた者より、その株式を相続、遺贈または贈与により取得した者

③　適用を受けるための手続

遺留分に関する「除外の合意」又は「固定の合意」について、旧代表者の推定相続人全員の合意ができた場合、後継者は、その合意から1ヶ月以内に、合意の内容の合法性につき、経済産業大臣に確認の申請を行います（申請の窓口は、中小企業庁財務課です。）。さらに後継者は、その確認後1ヶ月以内に家庭裁判所に許可の申立てを行います。この家庭裁判所の許可を受けて、はじめて「除外合意」または「固定合意」の効力が認められます（経営承継円滑化法7条第1項、第2項、8条第1項）。

この家庭裁判所への申立ては、後継者が単独で行います。民法の「遺留分の放棄」（民法1043条・本章Q15参照）のように、相続により遺留分権利者となりうる推定相続人が個別に家庭裁判所に申し立てを行う等の手続は不要です。

（髙橋　大貴）

55

★★
株主総会の決議の要件と主な決議事項

Q17

株式会社における株主総会の決議の要件と主な決議事項について教えてください。

POINT　株式会社の経営に関する基本方針や重要事項は、株主総会の決議により決定されます。会社法上、株主総会の決議には、その要件の重要度に応じて、普通決議、普通決議の特則、特別決議、特殊決議、特別特殊決議の5種類があり、同法において株式会社の基本方針や重要事項の決定に際し、その重要度に応じて株主総会において必要とされる決議の種類が定められています。

解説

① 株式会社における経営権の確保と株主総会の決議要件・決議事項

　株式会社の経営に関する基本的な方針や重要事項は、株主総会において決定されます。株主は株主総会で議決権を行使することにより、役員の選任と解任、定款の変更、合併または解散等の株式会社の重要な意思決定に参加することになります。中小企業の経営者が自社の経営権を確保するためには、自分および自分に友好的な者が株主として一定数の議決権を確保し、株主総会の決議において自らの意思を反映させる必要があります。このため、経営者にとって、株主総会の決議の要件および主な決議事項を理解することは極めて重要です。

② 株主総会の決議要件と主な決議事項

　会社法上、株主総会の決議には、1 普通決議、2 普通決議の特則、3 特別決議、4 特殊決議、5 特別特殊決議があります。株主総会の決議要件と主な決議事項をまとめると、次のとおりとなります。

1　普通決議（会社法309条第1項）

⑴　決議の要件

普通決議は、定款に別段の定めのある場合を除き、議決権を行使することができる株主の議決権の過半数を有する株主が出席（定足数）し、その出席株主の議決権の過半数の賛成が必要な決議です。

⑵　普通決議を要する主な事項

①　全株主を対象とする自己株式の取得（特定の株主からの取得を除く）

②　剰余金の配当（一定の現物配当を除く）

③　剰余金の額の減少による資本金の額、準備金の額の増加

④　取締役、監査役の報酬の決定

⑤　競業取引等の承認

2　普通決議の特則（会社法341条）

取締役、会計参与および監査役の選任または解任する株主総会の決議についても、上記1と決議の原則（議決権の過半数の株主が出席し、出席株主の議決権の過半数の賛成が必要）は同じです。上記1の決議においては、定款（定足数を無くす等を定めている）で自由に変更できます。しかし、役員の選任・解任にいては、議決権の過半数[*1]を有する株主が出席（定足数）し、出席株主の議決権の過半数[*2]の賛成が必要とされます。

3　特別決議（会社法309条第2項）

⑴　決議の要件

特別決議は、議決権を行使することができる株主の議決権の過半数[*1]を有する株主が出席し、その出席株主の議決権の3分の2以上[*2]の多数の賛成が必要な決議です。また、これに加えて、定款の定めにより、一定の数以上の株主の賛成を要する旨その他の要件を設けること

もできます。

(2) **特別決議を要する主な事項**

① 定款の変更

② 特定の株主からの自己株式取得（第5章Q50参照）

③ 相続人等に対する売渡しの請求（会社法174条）

④ 組織変更、合併、会社分割、株式交換、株式移転

⑤ 一定の取締役および監査役の解任

⑥ 資本金の額の減少（定時株主総会で欠損の額を超えないものを除く）

4 特殊決議（会社法309条第3項）

(1) **決議の要件**

特殊決議とは、議決権を行使することができる株主の頭数の半数以上で、その議決権の3分の2以上の多数の賛成が必要な決議です[*3]。

(2) **特殊決議を要する事項**

① 発行する株式の全部に譲渡制限を付すための定款の変更

② 一定の合併契約等の承認

5 特別特殊決議（会社法309条第4項）

(1) **決議の要件**

特別特殊決議とは、総株主の頭数の半数以上で、かつ総株主の議決権の4分の3以上の多数の賛成が必要な決議です[*3]。

(2) **特別特殊決議を要する事項**

非公開会社（発行する株式の全部について、譲渡による株式の取得につき株式会社の承認を要する旨を定款に定めている株式会社をいいます。）における、株主ごとに異なる取扱いをする（会社法109条・第4章Q35参照）旨の定款変更が該当します。

（＊1）　決議に要する出席株主数は、定款で議決権の3分の1以上の割合を
　　　　定めた場合は、その割合とすることができます。

（＊2）　決議に要する議決権の割合は、定款の定めにより重くすることが
　　　　できます。

（＊3）　決議に要する株主数や議決権の割合は、定款の定めにより重くす
　　　　ることができます。

（森　繁之助）

コラム

民法改正に伴う遺留分制度の見直しについて〔Q15関連〕

　平成30年7月13日、「民法及び家事事件手続法の一部を改正する法律」が公布されました。

[1] 遺留分減殺請求権の見直し【抜本的改正】

　改正前の通説・判例では、遺留分の減殺請求がされると、遺留分権利者は物権的請求権をもつ（各財産に対する遺贈や贈与は遺留分を侵害する限度で失効し、受遺者又は受贈者（以下、「受遺者等」）が取得した権利はその限度で当然に遺留分権利者との共有になる）こととなり、遺留分を侵害しているとされた受遺者等においては、預貯金の引き出し・不動産の処分・非上場株式の承継等の場面で不便が生じることがありました。

　これが改正後は、遺留分侵害額の請求があった場合には、物権的請求権ではなく、その金額に相当する金銭債権が生じることになり、金銭で解決することになりました（民法1046条第1項）。

　また、遺留分権利者から金銭の支払請求を受けた受遺者等が、金銭を直ちに準備できない場合には、その受遺者等は、裁判所に対し、金銭債務の支払いにつき期限の許与を求めることができるようになりました（民法1047条第5項）。これにより、改正前のような不便が解消されることとなります。

[2] 遺留分の算定方法の見直し【改正】

　改正前の民法では、基本的に、相続人に対する居住用不動産の購入資金・居住用不動産・事業用資金・結納金・結婚の持参金等の贈与（以下、「生計の資本等の贈与」）については、期間制限なく、すべてが遺留分算定基礎財産の価額に算入されました。

　これが改正後は、相続人に対する生計の資本等の贈与のうち、遺留分算定基礎財産の価額に算入されるのは、原則として、相続開始前10年以内のものに限られることになりました（民法1044条第3項）。

[3] 施行期日

　上記【1】～【2】の改正後の規定は、令和元年7月1日以後に開始する相続から適用されています。

（宮田　房枝）

第 **3** 章

事業承継にかかる
相続税・贈与税のポイント

相続税の計算のしくみ

Q18
相続税の計算のしくみについて、事例により説明してください。

1 相続税は、被相続人の財産を相続または遺贈（死因贈与を含む。以下同じ。）により取得した個人に対して、その取得した財産（債務を控除した後の純財産）の価額（課税価格）を基に課税される税金です。

2 相続税の計算は、相続または遺贈により財産を取得した個人が、その取得した財産の合計をいったん法定相続分で分割したものと仮定して相続税の総額を計算し、それを実際の遺産の取得額に応じてあん分して各人の納付税額を算出するしくみになっています。

3 相続税の総額の計算上、課税価格から遺産にかかる基礎控除額（＝3,000万円＋600万円×法定相続人の数）を控除することから、この基礎控除額が相続税の課税最低ラインとなります。

― 解説 ―

1 相続税の計算のしくみ

相続税の計算は、次の1〜4の流れで行います。

1 課税価格を計算します

[課税価格の計算式]

| 個人が相続または遺贈（相続等）により取得した財産の価額＋みなし相続財産(*1)の価額 | − | 被相続人の債務および葬式費用(*2) | ＋ | 相続等により財産を取得した人が相続開始前3年以内に被相続人から受けた贈与財産(*3) | ＋ | 相続時精算課税制度の適用を受けた贈与財産(*3) | ＝ | 課税価格 |

（＊1）　みなし相続財産とは、①死亡保険金、②死亡退職金、③一定の生命保険契約に関する権利等であり、民法上の相続財産ではありませんが、相続財産とみなして相続税の計算に含めます（相続税法3条）。なお、相続財産とみなされる死亡保険金、死亡退職金については、相続人の生活保障等を配慮して、一定の金額が非課税とされます（相続税法12条）。

（＊2）　①　課税価格の計算上、被相続人の債務（借入金・未納税金等）で、「被相続人の相続開始の際に現に存するもの」が控除されます（相続税法13条）。ただし、この控除の対象となる債務は、確実と認められるものに限られます（同14条第1項）。

　　被相続人が経営する会社の借入金に対して個人保証をしていた場合、その保証債務については、保証人が将来現実にその債務の弁済を行うか否かは不確実であり、また保証人が主たる債務者に代わり、その債務を弁済した場合であっても、保証人は主たる債務者に対して返還請求権（求償権）を取得し、肩代わりした金額の支払を請求することができるので、前述の「確実と認められる」債務には該当しません。このため、その被相続人が会社に対して行った保証債務は、原則として相続税の債務控除の対象とはなりません。

　　②　被相続人の債務ではありませんが、一定の相続人が負担した葬式費用は、相続が発生した場合に必然的に生じる費用であることから、課税価格の計算上、控除することが認められています（同13条第1項）。

（＊3）　相続財産ではありませんが、相続等により財産を取得した人が相続開始前3年以内に被相続人から受けた贈与財産および相続時精算課税制度の適用を受けた贈与財産も相続税の課税価格の計算上、加算されます（同19条第1項）。

2　課税遺産総額を計算します

　1の課税価格から遺産にかかる基礎控除額（＝3,000万円＋600万円×法定相続人の数）を控除して、課税遺産総額を計算します。この基礎控除額は相続税の課税最低ラインでもあり、相続人1名の場合は課税価格が3,600万円、2名の場合は課税価格が4,200万円を超える

ときに、相続税が課されることになります。

3 相続税の総額を計算します

2の課税遺産総額を法定相続分で分割したものと仮定して、法定相続人ごとの法定相続分に応じる相続税額である、相続税の総額を計算します（相続税法16条）。法定相続人ごとの相続税額を合計することにより、相続にかかる全体の相続税額(＝相続税の総額)を確定します。

4 各相続人等の納付税額を計算します

3で計算した相続税の総額を実際の相続財産の取得割合に応じて各相続人等に按分し（相続税法17条）、さらに相続人の態様に応じて配偶者の税額軽減(＊4)等を適用し、各相続人の納付税額を計算します。

(＊4) 配偶者の税額軽減とは、被相続人の配偶者が相続により実際に取得した正味の遺産額が、「1億6,000万円」または「配偶者の法定相続分相当額の金額」のうち、どちらか多い金額までである場合、配偶者に相続税がかからない特例をいいます（相続税法19条の2）。

② 相続税の申告期限と納期限

相続税の申告と納税は、被相続人が死亡したことを知った日の翌日から10ヶ月以内に行うことが必要です。

③ 事例による相続税の計算の説明

［前提条件］
・被相続人甲の相続人は、配偶者と長男、長女の3人
・相続税の課税価格（＝相続財産の価額）は3億円
・遺産分割協議により、相続財産3億円を、配偶者が1億5,000万円、長男が9,000万円、長女が6,000万円取得することに決定。

64

第3章 事業承継にかかる相続税・贈与税のポイント

[相続税の計算]

① 基礎控除額：3,000万円＋600万円×3人＝4,800万円

② 課税遺産総額：3億円－4,800万円①＝2億5,200万円

③ 配偶者の相続税の総額の基となる税額

2億5,200万円②×1/2＝1億2,600万円

1億2,600万円×40%－1,700万円＝3,340万円

④ 長男（長女）の相続税の総額の基となる税額

2億5,200万円②×1/2×1/2＝6,300万円

6,300万円×30%－700万円＝1,190万円

⑤ 相続税の総額

3,340万円③＋1,190万円④＋1,190万円④＝5,720万円

⑥ 各相続人の相続税の納付税額の計算

・配偶者の相続税額

5,720万円⑤×1億5,000万円/3億円－2,860万円（配偶者の
税額軽減）＝0円

・長男の相続税額

5,720万円⑤×9,000万円/3億円＝1,716万円

・長女の相続税額

5,720万円⑤×6,000万円/3億円＝1,144万円

図表　相続税の速算表

法定相続分に応ずる取得金額		税率	控除額
	1,000万円以下	10%	―
1,000万円超	3,000万円以下	15%	50万円
3,000万円超	5,000万円以下	20%	200万円
5,000万円超	1億円以下	30%	700万円
1億円超	2億円以下	40%	1,700万円
2億円超	3億円以下	45%	2,700万円
3億円超	6億円以下	50%	4,200万円
6億円超		55%	7,200万円

（飯田　美緒）

相続税の申告と納付の期限・納税方法とその特例

> **Q19**
> 中小企業のオーナー経営者の死亡に伴う相続税の申告と納付の期限と、金銭での納付が難しい場合の税務上の特例について教えてください。

1 相続税は原則として、相続税申告書の提出期限まで、つまり相続後10ヶ月以内に金銭で全額を納付する必要があります。ただし、金銭での一括納付が困難な場合等、特別な事情がある場合には、延納や物納が認められています。

2 後継者である相続人等が、相続・遺贈により非上場株式を取得した場合には、取得した株式を自社に売却して納税資金を確保したり、相続税の納税が猶予される制度の適用を受けることも考えられます。

解説

1 相続税の申告と納付の原則

相続税の申告は被相続人が死亡したことを知った日の翌日から10ヶ月以内に行うことになっています。たとえば、被相続人が2月10日に死亡した場合には、その年の12月10日が申告期限になります。

相続税の納付についても申告期限までに金銭で全額を一括して納付する必要があります。もし相続税を納付期限までに納めなかった場合には、納付が遅れた期間に応じて、遅延利息に相当する延滞税を納付する必要があります。

第3章 事業承継にかかる相続税・贈与税のポイント

② 延納と物納

　金銭での納付が困難など一定の事情がある場合には、①相続税を分割払いで納める延納（相続税法38条）、②延納によっても金銭で納付することが困難な事情がある場合には、相続等で取得した財産のうち、金銭以外の財産そのもので納める物納（相続税法41条）が認められています。

　ただし、いずれも一定の要件を満たした上で、納税者が期限までに税務署長に必要な書類を提出し、税務署長の許可を受けることが必要です。なお、税務署長により却下される場合もあります。

③ 株式の発行会社への譲渡による納税資金の確保

　後継者である相続人が相続税納税資金を確保する方法として、相続した株式の一部を自社（株式の発行会社）に譲渡して（発行会社は自己株式を取得することになります。）、その対価として金銭を得るという方法があります。非上場株式について外部の第三者に売却するということは通常考えづらいですが、自社が譲受人となる場合には、自社株式の分散を防ぎつつ、納税資金を確保することが可能です（自己株式の会社法上の取扱いは第5章Q50、課税関係についてはQ49参照）。なお、自己株式は議決権を有しないため、後継者が自社に株式を譲渡する場合、後継者の議決権割合は低下することに留意が必要です。

④ 非上場株式等についての相続税の納税猶予および免除制度

　オーナー経営者の相続により、後継者が非上場株式を相続した場合の特例として、非上場株式にかかる相続税の納税猶予および免除制度（一般措置・特例措置）があります（詳細は第6章Q51、Q54参照）。

67

5　納税資金確保のための生前の準備

　相続税を一括金銭納付できない場合の対応として、延納、物納、相続後の自己株式の譲渡、納税猶予および免除制度の活用といった方法をご紹介しましたが、いずれの方法においても、相続後に準備を開始するのでは間に合わない可能性が高くなります。生前から、相続税の試算を行い、納税資金が不足していないかを確認しておくことが必要です。もし納税資金が不足している場合には、生前に財産を売却等することで納税資金を確保するか、相続後に上記のような方法をとって対応するかの検討が必要となります。

（小野寺　太一）

申告期限までに遺産分割協議がまとまらなかった場合の相続税の申告と納税

相続税の申告期限（相続の開始があったことを知った日から10ヶ月）までに遺産分割協議がまとまらなかった場合の、相続税の申告と納税の注意点を教えてください。

相続税の申告期限までに相続財産が未分割の状態である場合には、相続人が法定相続分に応じて相続財産を取得したと仮定して相続税の課税価格と税額を計算し、申告期限までに申告と納付を行います。また、相続財産が未分割の場合における相続税の当初申告では、適用を受けることができない特例があります。

解説
1 相続財産が未分割の場合の相続税の計算

相続税は、原則として被相続人の遺産を相続または遺贈により取得した者ごとに取得した財産を評価し、各人の各取得財産の評価額の合計額（「課税価格」）を基に、法定相続人が法定相続分の割合でその財産を取得したとみなして算出した相続税の総額を、各相続人等が実際に取得した財産の価額の割合に応じて配分して各相続人等の納税額を算定し、申告期限以内に申告と納税を行う義務があります。

この相続税の計算において、相続税の申告期限までに相続により取得した財産の全部又は一部が未分割であるときは、その分割されていない財産につき、相続人が民法上の法定相続分に応じてその財産を取得したものとみなして、相続税の課税価格を計算して納税する必要があります（相続税法55条）。遺産分割が成立していなくても相続税の申告期限や納期限が延長されることはありませんので、注意が必要です。

② 相続税計算上の特例の適用

　申告期限までに相続財産の全部または一部が未分割の場合には、相続税の計算上、適用を受けることができない特例があります。この未分割の場合に適用を受けることができない特例の例としては、次のものが挙げられます。

(1)　非上場株式等にかかる相続税の納税猶予および免除の一般措置・特例措置（租税特別措置法70条の7の2・70条の7の6・第6章Q51、Q54参照）

(2)　小規模宅地等の特例（租税特別措置法69条の4・第6章Q60参照）

(3)　配偶者に対する相続税額の軽減（相続税法19条の2）

③ 申告書提出後に遺産分割協議がまとまった場合などの取扱い

1　原　　則

　相続財産が未分割の状態で相続税の申告をした後、遺産分割協議がまとまった場合において、相続人がその分割により取得した財産に関する課税価格が、未分割で申告したものと異なることになったときは、修正申告書を提出し、または更正の請求をすることができます（相続税法55条ただし書）。

　なお、この修正申告等は、相続税法上強制されない手続です。国側は遺産分割がまとまったことにより、相続人の取得財産に変動があったとしても、相続税額の総額に変動がない限り新たな手続は求めません。その場合、実務上は、相続人間で相続税相当額の精算を直接行い、当初の申告のままで新たな税務手続を行わない場合もあります。

2　小規模宅地等の特例と配偶者に対する相続税額の軽減の特例を受ける場合

　未分割の財産が、①申告期限から3年以内に分割された場合、また

は②政令で定めるやむを得ない事情があるために申告期限内から3年以内に分割できなかったことについて、政令で定めるところにより所轄税務署長の承認を受けた場合において、未分割として申告する相続税の期限内申告の際に一定の書類を添付しているときは、分割ができることとなった日の翌日から4ヶ月以内に分割されたときは、税務署長に対して更正の請求を行うことにより、前述2(2)の小規模宅地等の特例と、(3)の配偶者に対する相続税額の軽減の適用を受けることができます（相続税法19条の2第2項ただし書、相続税法施行令4条の2第1項4号、第2項、租税特別措置法69条の4第4項ただし書、租税特別措置法施行令40条の2第23項）。

（芦沢　亮介）

★
贈与税の暦年課税制度の計算のしくみ

Q21

贈与税の暦年課税制度の計算のしくみについて、事例により説明してください。

POINT

1 贈与税は、個人から贈与により財産を取得した個人に対して、その取得財産の価額を基に課税される税金です。

2 贈与税の課税方法には、原則的な「暦年課税制度」と、一定の要件を満たす場合に選択できる「相続時精算課税制度」があります。

3 暦年課税制度の贈与税は、個人が1年間に贈与を受けた財産の合計額から、基礎控除後の金額に超過累進税率を適用して計算します。生前に贈与を行うことにより相続税の軽減を図ることを防止するため、暦年課税制度の贈与税は相続税に比べて基礎控除額は低く、税率の累進度合が高く設定されています。

解説

① 贈与税の課税方法

贈与税の課税方法は「暦年課税制度」と「相続時精算課税制度」があります。原則的な課税方法は「暦年課税制度」であり、一定の要件を満たした場合に選択できるのが「相続時精算課税制度(本章Q22参照)」です。

② 暦年課税制度の贈与税

1 計算方法

暦年課税制度の贈与税は、1月1日から12月31日までの1年間に贈与を受けた財産の合計額をもとに計算します。暦年課税制度による贈与税は、下記の算式により計算されます(相続税法21条の7、21

条の5、租税特別措置法70条の2の4)。

> 贈与税額＝(1年間に贈与により取得した財産の合計額−基礎控除額110万円)
> ×税率−控除額

基礎控除額は1年間あたり110万円です。したがって、1年間に110万円までの贈与を受けても贈与税はかかりません。

2 税 率

平成27年以降の贈与より暦年課税制度の贈与税の税率は、①20歳以上^(注)の人が親や祖父母といった直系尊属から贈与を受けた場合(図表1)と、②①以外の場合(図表2)に区分されています。①は、子

図表1　①20歳以上^(注)の人が直系尊属から贈与を受けた場合の速算表

基礎控除後の課税価格		税率	控除額
	200万円以下	10%	―
200万円超	400万円以下	15%	10万円
400万円超	600万円以下	20%	30万円
600万円超	1,000万円以下	30%	90万円
1,000万円超	1,500万円以下	40%	190万円
1,500万円超	3,000万円以下	45%	265万円
3,000万円超	4,500万円以下	50%	415万円
4,500万円超		55%	640万円

図表2　②①以外の人が贈与を受けた場合の速算表

基礎控除後の課税価格		税率	控除額
	200万円以下	10%	―
200万円超	300万円以下	15%	10万円
300万円超	400万円以下	20%	25万円
400万円超	600万円以下	30%	65万円
600万円超	1,000万円以下	40%	125万円
1,000万円超	1,500万円以下	45%	175万円
1,500万円超	3,000万円以下	50%	250万円
3,000万円超		55%	400万円

や孫等に生前に財産の移転を推進させるために税負担が低く設定されています（相続税法21条の7、租税特別措置法70条の2の5）。

(注) 令和4年4月1日以後の贈与については、「18歳以上」になります（改正法附則1条11号）。

3　申告と納税

　贈与税の申告と納税は、原則、贈与を受けた人が、贈与を受けた年の翌年の2月1日から3月15日までに行う必要があります。

③　事例による暦年課税制度の贈与税の計算

1　贈与財産の価額による暦年課税制度の贈与税の計算

　オーナー経営者が自社株式を後継者である子（40歳）へ贈与した場合、贈与した自社株式の価額（相続税評価額）別に暦年課税制度の贈与税を計算すると次のとおりとなります。

　［贈与税の計算］

(1)　贈与をする自社株式の価額（相続税評価額）が500万円の場合

　贈与税額＝（500万円－110万円）×15％－10万円

　　　　　＝48万5,000円

(2)　贈与をする自社株式の価額（相続税評価額）が5,000万円の場合

　贈与税額＝（5,000万円－110万円）×55％－640万円

　　　　　＝2,049万5,000円

2　後継者への自社株式の贈与と贈与税

　個人が生前に財産の大半を相続人となるべき配偶者や子に贈与した場合、相続税の負担が軽減できます。このような生前の贈与による相続税の負担軽減を防止するため、個人が個人から贈与により取得した

財産には贈与税を課税し、さらに贈与税は相続税に比べて課税最低限（基礎控除額）は低く、税率の累進度合は高く設定されています。

オーナー経営者が自社株式を後継者の子に贈与する場合において、贈与する自社株式の価額が高額であるときは、暦年課税制度の贈与税による贈与税負担は高額になります。

このようなときには、贈与税の課税の特例である相続時精算課税制度（本章Q22参照）を選択して贈与税の負担を軽減する、あるいは納付の特例である非上場株式にかかる贈与税の納税猶予・免除制度の特例措置（第6章Q54参照）の適用を受ける等により、贈与税の負担を軽減する対策が考えられます。

（飯田　美緒）

贈与税の相続時精算課税制度

贈与税の相続時精算課税制度のポイントについて教えてください。

1 相続時精算課税制度は、60歳以上の個人から財産の贈与を受けた20歳以上（現行）の子や孫が選択により適用することができます。

2 相続時精算課税制度の適用を受けた場合には、累計2,500万円まで贈与税の負担なしで財産の贈与を受けることができます。

3 相続時精算課税制度の適用を受けた贈与財産の価額（贈与時の価額）は、贈与者にかかる相続税の計算上、加算する必要があります。

解説

1 相続時精算課税制度の概要

贈与税には、暦年課税制度と相続時精算課税制度の2つの課税方式があります。

「相続時精算課税制度」は、納税者の選択により適用できる方式です。原則として、60歳以上の個人から財産の贈与を受けた20歳以上[注]の子や孫が、選択により適用することができます（相続税法21条の9第1項、租税特別措置法70条の2の6第1項）。

（注）令和4年4月1日以後の贈与については、「18歳以上」になります（改正法附則1条11号）。

相続時精算課税制度は贈与者ごとに選択できるので、たとえば個人が父から受けた贈与にかかる贈与税については相続時精算課税制度を選択し、母から受けた贈与にかかる贈与税については暦年課税制度により計算することができます。また受贈者ごとにも選択できるので、贈与者の長男が受けた贈与にかかる贈与税については相続時精算課税

第3章　事業承継にかかる相続税・贈与税のポイント

制度を選択し、次男が受けた贈与にかかる贈与税について暦年課税制度により計算することもできます。

② 相続時精算課税制度の贈与税の計算

1　贈与税額の計算方法

相続時精算課税制度にかかる贈与税は、贈与財産の価額（相続税評価額）の合計額から特別控除額2,500万円（使い切るまで複数年にわたり利用できます。）を控除した金額に、一律20％の税率を掛けて計算します（相続税法21条の12、21条の13）。したがって、贈与財産の価額が2,500万円に達するまでは、贈与時に支払う贈与税はゼロになります。

たとえば、オーナー経営者が後継者である子に対し、令和2年に自社株式2,000万円を贈与し、令和3年に自社株式4,000万円を贈与したとします。この場合、後継者である子が相続時精算課税制度を選択した場合の贈与税額は、次のようになります。

令和2年　（2,000万円−2,000万円）×20％＝0

令和3年　（4,000万円−500万円）×20％＝700万円

令和2年分の贈与税の計算においては、贈与財産である自社株式の価額が2,000万円で特別控除額2,500万円以下であることから、贈与税は発生しません。令和3年分の贈与税の計算においては、特別控除額のうち2,000万円は平成28年に既に使用しているため、残り500万円（＝2,500万円−2,000万円）が特別控除額となります。

2　相続税額の計算

相続時精算課税制度により贈与した財産は、贈与者の相続税の計算上、贈与時の価額で相続財産に加算され、相続税が計算されます。そして、その相続税額から贈与を受けた際に納付した贈与税額を控除します（相続税法21条の15、21条の16）。

前述1の計算例ですと、贈与時の自社株式の価額6,000万円を相続財産に加算して、相続税の計算をします。そして、その相続税額から平成29年分の贈与税の申告の際に納付した贈与税額700万円を控除します。相続税額より納付済の贈与税額が大きい場合には、贈与税額の還付が受けられます（相続税法27条第3項、33条の2）。

3 適用を受けるための手続

相続時精算課税制度の選択をしようとする受贈者は、この制度の適用対象となる贈与を受けた年の翌年2月1日から3月15日までの間に所轄税務署長に対し、「相続時精算課税選択届出書」を一定の書類とともに贈与税の申告書に添付して提出する必要があります（相続税法21条の9第2項）。

一度、相続時精算課税制度を選択すると、その選択した贈与者からの贈与については暦年課税に戻ることはできません（同第6項）。また、それ以降その贈与者から贈与を受けた時は、特別控除額2,500万円の枠内か否かを問わず、贈与を受けた年の翌年3月15日までに贈与税の申告をしなければなりません（同第3項）。

③ 自社株式の贈与と相続時精算課税制度の活用

財産の贈与を受ける際に相続時精算課税制度の適用を受ける場合、贈与した財産は贈与時の時価（相続税評価額）により相続税の計算に加算されるため、相続税の減額効果はなく、基本的には相続税の節税にはなりません。

「基本的には」と書いたのは、相続時精算課税制度の適用を受ける場合、相続時に贈与した時の時価で固定されて相続税の計算に加算されることから、贈与時から相続時までに価値が上昇したときは、その価値上昇分は相続財産とはならず、相続税の節税になる可能性があるからです。たとえば、オーナー経営者が自社株式を後継者に承継させ

る場合に、生前に自社株式の評価が下がったタイミングで相続時精算課税制度を利用して後継者に贈与し、その低い株価で相続税の課税対象財産の価額を固定させる方法としても有効です。

ただし、贈与時から相続時までに自社株式の価値(価額)が下落すれば、高い株価のままで相続税の課税対象財産の価額を固定させる結果となるので、注意が必要です。

〈設例〉

オーナー経営者が評価額の上昇が見込める自社株式を後継者に贈与する場合

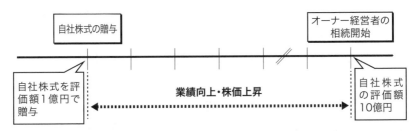

> **上記の前提で自社株式を贈与する場合としない場合の比較**
>
> (1) 贈与する場合
>   ①相続時精算課税を利用すれば、(1億円−2,500万円)×20%=1,500万円の贈与税の負担が生じます。
>   ②相続時には、贈与時の自社株式の評価額1億円が相続税計算に加算されます。
> (2) 贈与しなかった場合
>   相続時には、相続時の自社株式の評価額10億円が相続税の課税対象とされます。
> (3) ポイント
>   相続時精算課税制度の適用にあたっては、価値の増加が見込まれる資産(自社株式)だけを贈与することが税務上有利な方法となります。価値が下がる資産を贈与した場合には、逆の効果が生じます。

(飯田　美緒)

★★
非上場株式の相続税評価の概要

Q23

相続税や贈与税の計算の際に使用する、非上場株式の評価方法の概要について教えてください。

POINT　相続税や贈与税の計算の際に使用する非上場株式の相続税法上の評価額（以下、本章において「相続税評価額」という。）は、原則として国税庁が定める財産評価基本通達に基づいて計算されます。財産評価基本通達では、非上場株式を発行する会社の規模と、その株式を相続、遺贈または贈与により取得した個人の態様により、適用される評価方法を定めています。

解説

① 非上場株式（取引相場のない株式）の相続税評価の原則

1 評価の基本的な考え方

　非上場株式は上場株式のように取引時価がないため、その相続税や贈与税の計算に使用される相続税評価額は、国税庁が定める財産評価基本通達の「取引相場のない株式等の評価」に基づいて計算することになります。財産評価基本通達178では、取引相場のない株式を、その発行する会社の規模に応じて大会社・中会社・小会社に区分し、区分に応じてそれぞれに即した評価方式を定めています。相続税や贈与税の計算上、非上場株式の価額は、「同族株主以外の株主等が取得した株式」（本章Q27参照）の評価（特例的評価方式・本章Q26参照）」に該当する場合を除き、原則として評価しようとするその株式の発行会社（以下、本章において「評価会社」という。）が次の表の大会社、中会社又は小会社のいずれに該当するかに応じて、それぞれ次の2の定めによって評価されます。

第3章 事業承継にかかる相続税・贈与税のポイント

図表　会社規模の判定基準

◆従業員数が70人以上の場合は、それだけで大会社に該当します。
◆従業員数が69人以下の場合は、下表で判断します。

総資産価額（帳簿価額）《1》			従業員数《2》	年間取引金額《3》			会社規模とLの割合
① 卸売業	② 小売・サービス業	③ ①・②以外の業種		① 卸売業	② 小売・サービス業	③ ①・②以外の業種	
20億円以上	15億円以上	15億円以上	35人超	30億円以上	20億円以上	15億円以上	大会社
4億円以上20億円未満	5億円以上15億円未満	5億円以上15億円未満	35人超	7億円以上30億円未満	5億円以上20億円未満	4億円以上15億円未満	中会社（大）L＝0.90
2億円以上4億円未満	2.5億円以上5億円未満	2.5億円以上5億円未満	20人超35人以下	3.5億円以上7億円未満	2.5億円以上5億円未満	2億円以上4億円未満	中会社（中）L＝0.75
7千万円以上2億円未満	4千万円以上2.5億円未満	5千万円以上2.5億円未満	5人超20人以下	2億円以上3.5億円未満	6千万円以上2.5億円未満	8千万円以上2億円未満	中会社（小）L＝0.60
7千万円未満	4千万円未満	5千万円未満	5人以下	2億円未満	6千万円未満	8千万円未満	小会社

《【1】《1》と《2》のいずれか下位の区分を採用》⇒《【2】【1】と《3》のいずれか上位の区分を採用》

［会社規模の判定例］サービス業、総資産価額15億円、従業員数35人、年間取引金額10億円の会社の場合

【1】《1》と《2》のいずれか下位の区分⇒中会社（中）。【2】《3》による区分⇒中会社（大）。ゆえに会社規模は、中会社（大）となります。

　上表の会社規模の判定基準は、平成29年度税制改正により見直されたものです。具体的には、評価会社が必ず大会社に該当する従業員数が、100人から70人に引き下げられ、総資産価額によっては評価会社が大会社に該当する従業員数が、50人から35人に引き下げられました。

　その一方で、大会社に該当する場合の総資産価額について、卸売業以外の業種（小売・サービス業等）については、10億円以上から15

億円以上に引き上げ（厳格化）されています（下線部参照）。

2　評価方法（原則的評価方式）

　非上場会社のなかには、上場会社なみの大企業もあれば個人事業程度の零細企業もあります。そこで、非上場会社の株式については、前述1のとおり「従業員数」「直前期末以前1年間の取引金額」「簿価総資産価額」という会社規模の三要素によって、評価する会社を「大会社」「中会社」「小会社」に区分し（財産評価基本通達178）、それぞれ適用できる評価方法を次のように規定しています（同179）。

⑴　大会社の株式は、会社の業績に着目し、類似する事業を営む上場会社の市場価格を比準した価額を求める「類似業種比準方式（本章Q24参照）」で評価することを原則としますが、「純資産価額方式（同Q25参照）」を選択することもできます。

⑵　小会社の株式は、会社の資産価値に着目する純資産価額方式で評価することを原則としますが、「類似業種比準価額×0.50＋1株当たり純資産価額×0.50」の算式により求めた価額を評価額として選択することもできます。

⑶　大会社と小会社の中間にある中会社の株式は、「類似業種比準価額×L＋1株当たりの純資産価額×（1－L）」の算式により評価することを原則としますが、1株当たり純資産価額を評価額として選択することもできます。

　なお、上記の算式中のLは、中会社をさらに規模に応じて3つに区分し、規模の大きい順に0.90、0.75または0.60となります。

② 特定の評価会社の株式の評価方法

　評価会社のなかには、保有する資産の大半が株式や土地である会社や、開業後3年未満の会社、休眠会社等の事業活動を行っていない会社など、資産の保有状況や営業の状態が特異な会社もありえます。こ

のような評価会社については、「特定の評価会社」として評価方法が
①とは別に定められており、原則として純資産価額により評価されま
す（財産評価基本通達178ただし書）。

（飯田　美緒）

★★ 類似業種比準方式による非上場株式の評価

Q24
類似業種比準方式による非上場株式の評価について、事例により説明してください。

類似業種比準方式は、財産評価基本通達180に基づき、業種の類似する上場会社の株価に比準させた非上場会社の株価（類似業種比準価額）を計算するための算式です。

解説

1 類似業種比準方式の計算

1 計算のしくみ

類似業種比準方式は、業種の類似する上場会社の株価に比準させて、非上場会社の発行する株式の価額（類似業種比準価額）を求めるための算式です。この場合の比準要素は、「1株当たりの配当金額」、「1株当たりの利益金額」、「1株当たりの純資産価額（帳簿価額）」の3要素です。

平成29年4月に財産評価基本通達の改正が行われ、平成29年1月1日以後に相続、遺贈または贈与により取得した株式の類似業種比準方式による評価は、次の算式で計算されます（財産評価基本通達180～184）。

〈算式〉

$$A \times \left[\cfrac{\dfrac{Ⓑ}{B} + \dfrac{Ⓒ}{C} + \dfrac{Ⓓ}{D}}{3} \right] \times 斟酌率^{(注)}$$

（注）斟酌率：大会社は0.7、中会社は0.6、小会社は0.5

　この算式におけるA、B、C、Dおよび、Ⓑ、Ⓒ、Ⓓは、それぞれ次によります。なお、A、B、C、Dの数値は国税庁から発表されます。

	類似業種の		非上場株式の発行会社の
A	株価[*1]		
B	課税時期の属する年の1株当たりの配当金額[*2]	Ⓑ	1株当たりの配当金額（直前期末以前2年間平均）[*3]
C	課税時期の属する年の1株当たりの年利益金額[*2]	Ⓒ	直前期末以前1年間における1株当たりの利益金額[*3]
D	課税時期の属する年の1株当たりの純資産価額（帳簿価額）[*2]	Ⓓ	直前期末における1株当たりの純資産価額（帳簿価額）[*3]

（＊1）次の①〜⑤のうち最も低い金額を採用します。
　　①　課税時期の属する月の類似業種の株価
　　②　課税時期の属する月の前月の類似業種の株価
　　③　課税時期の属する月の前々月の類似業種の株価
　　④　類似業種の前年平均株価
　　⑤　類似業種の課税時期の属する月以前2年間の平均株価
（＊2）類似業種の配当金額B、利益金額Cおよび純資産価額Dは、その業種の上場会社（各標本会社）の**財務諸表上の数値を基にし、上場会社が連結決算を行っている場合には連結決算を反映させた数値**によります。
（＊3）評価会社の法人税等の数値に基づき計算されます。

【参考】改正前（平成28年12月31日まで適用）の計算式

$$\underline{A} \times \left[\dfrac{\dfrac{Ⓑ}{B} + \dfrac{Ⓒ}{C} \times \underline{3} + \dfrac{Ⓓ}{D}}{\underline{5}} \right] \times 斟酌率$$

（注）下線部が改正となった箇所です。

2 平成29年改正の内容

上場会社の株価の急激な変動による影響を緩和し、適切な株価算定ができるよう以下の点が改正されました。

類似業種の株価Aについて、2年間平均が選択可能になり（前述1（＊1）⑤参照）、類似業種の比準要素（配当B・利益C・純資産D）について、改正前は法人税等の数値に基づき計算していましたが、これを財務諸表上の数値に基づくこととしたうえで、上場会社が連結決算を行っている場合には連結決算を反映させたものになりました（前述1（＊2）参照）。

また、改正前は利益について他の2要素の3倍のウエイト付けをして計算しましたが、今回の通達改正に際し、国税庁において、上場会社のデータに基づき個別の上場会社の配当金額、利益金額および簿価純資産価額のウエイト付けをどのようにすると最もその個別の上場会社の株価に近似する評価額を導くかの検証作業を行ったところ、配当金額、利益金額および簿価純資産価額のウエイトを1：1：1の均等とした場合に、最も実際の株価と評価額との乖離が少なく、適正に時価が算出されることが判明しました。この検証結果を踏まえて、平成29年の改正においては、類似業種比準価額の計算上、比準要素のうち「1株当たりの利益金額」に他の2要素の3倍のウエイト付けをするのをやめ、単純平均により計算を行うこととされました。

第3章　事業承継にかかる相続税・贈与税のポイント

2 事例による類似業種比準価額の計算の説明

【問】　個人甲は、平成31年4月10日に子の乙に対して経営する株式会社E（E社）の株式を贈与しました。甲は、E社の発行済株式をすべて保有しています。次の前提条件に基づき、E社の類似業種比準価額の計算方法を説明してください。

[前提条件]

① 課税時期（贈与のあった日）平成31年4月10日

② 評価会社（E社）の概要

・業　　　種：衣服卸売業

・会社規模：大会社

・直前期末の資本金等の額：1,000万円

・直前期末の発行済株式数：20万株

・評価会社の比準要素

　　1株当たりの配当金額（Ⓑ）　　　　　5円

　　1株当たりの利益金額（Ⓒ）　　　　25円

　　1株当たりの純資産価額（Ⓓ）　　280円

③ 類似業種の比準要素数

図表　計算の前提条件

比準要素数 / 業種目		中分類（繊維・衣服等卸売業）	大分類（卸売業）
類似業種の株価(A)	平成31年4月	222	244
	平成31年3月	220	240
	平成31年2月	215	234
	平成30年平均	198	204
	平成29年5月～平成31年4月の平均	200	206
比準要素	1株当たりの配当金額(B)	4.7	3.7
	1株当たりの利益金額(C)	16	21
	1株当たりの純資産価額(D)	233	220

※上記の株価や比準要素は仮定のものであり、実際の数値や株価とは異なります。

87

【回答】

E社の類似業種比準価額は、次のとおりに計算します。

（a）大分類の場合

$$204_{(A)} \times \dfrac{\dfrac{5_{(B)}}{3.7_{(B)}} \times \dfrac{25_{(C)}}{21_{(C)}} + \dfrac{280_{(D)}}{220_{(D)}}}{3} \times 0.7 = 181円35銭$$

（b）中分類の場合

$$198_{(A)} \times \dfrac{\dfrac{5_{(B)}}{4.7_{(B)}} \times \dfrac{25_{(C)}}{16_{(C)}} + \dfrac{280_{(D)}}{233_{(D)}}}{3} \times 0.7 = 176円02銭$$

（a）＞（b）　よって、E社の類似業種比準価額は176円02銭となります。

（飯田　美緒）

第3章 事業承継にかかる相続税・贈与税のポイント

★★
純資産価額方式による非上場株式の評価方法

純資産価額方式による非上場株式の評価について、事例により説明してください。

純資産価額方式とは、評価会社を清算すると仮定した場合の株主への分配額（評価会社の純資産に対する株主の持分）を、その評価会社の株価と考えて株式価額を求める方式です。

解説

1 純資産価額方式の計算

1 計算のしくみ

純資産価額方式は、発行会社が課税時期に清算した場合に株主に分配される正味財産の価値をもって、株式の相続税評価額と考える評価方法です。具体的には、次の算式のとおり、資産の相続税評価額から、負債金額の合計額および資産の含み益に対する法人税額等相当額を差し引いて、評価会社の株式価額を求めます（財産評価基本通達185）。

〈算式〉

$$1株当たりの純資産価額 = \frac{課税時期の総資産価額（各資産の相続税評価額の合計額） - 課税時期の負債金額の合計額 - 評価差額に対する法人税額等相当額^{(*3)}}{課税時期における発行済株式数}$$

（*1）課税時期とは、相続、遺贈または贈与により株式を取得した日をいいます。

89

（＊2）会社保有資産は、原則として相続税評価額により評価します。ただし、課税時期前3年以内に取得又は新築した土地等家屋等の価額は、課税時期における通常の取引価額相当額（帳簿価額が通常の取引価額に該当する場合は帳簿価額）で評価します（財産評価基本通達185かっこ書）。

（＊3）「評価差額に対する法人税額等相当額」とは、課税時期に発行会社が清算した場合に課せられる法人税等に相当する金額です。具体的には、相続税評価額による純資産価額（総資産価額−負債金額）から帳簿価額による純資産価額を控除した残額（マイナスの場合はゼロ）に37％を掛けて計算した金額をいいます（財産評価基本通達186−2）。

2　純資産価額方式による株式評価の特徴

　純資産価額方式により株価を計算する場合は、会社保有資産の含み益が株価に反映されます。したがって、たとえ会社業績が赤字であっても保有資産の含み益が大きい場合には、株価が高額になるおそれがあります。

3　純資産価額の計算の時点

　純資産価額の計算は、原則として課税時期において仮決算を行い、その仮決算における資産および負債を基に行います。しかし、評価の簡便性等の見地から、直前期末から課税時期までの間に、資産および負債の額について著しい増減がない場合には、直前期末における資産および負債の額をもとに評価を行うことも認められています（取引相場のない株式（出資）の評価明細書の記載方法等5表・2(4)）。

②　事例による純資産価額の計算の説明

　純資産価額は、次の図表のように評価会社の資産と負債を相続税評価額に引き直し、その資産の金額から負債の金額を差し引いた相続税評価額ベースの純資産価額（図表の⑤の金額）から、評価差額に対する法人税額等相当額（図表の⑧の金額）を差し引いた金額を発行済株

第3章 事業承継にかかる相続税・贈与税のポイント

式数で割って求めます。図表の評価会社の場合、1株当たりの純資産価額は927円となります。

図表　純資産価額の計算例

(単位：千円)

	相続税評価額	帳簿価額		相続税評価額	帳簿価額
現預金	35,000	35,000	買掛金	2,000	2,000
売掛金	30,000	30,000	未払金	1,600	1,600
棚卸資産	5,000	5,000	長期借入金	20,000	20,000
建物	12,000	6,000			
土地	200,000	4,000			
有価証券	2,000	1,800			
…					
…					
合計	① 284,000	② 81,800	合計	③ 23,600	④ 23,600

【回答】

相続税評価額による純資産価額①－③	260,400千円	………… ⑤
帳簿価額による純資産価額②－④	58,200千円	………… ⑥
評価差額に相当する金額⑤－⑥	202,200千円	………… ⑦
評価差額に対する法人税額等相当額⑦×37%	74,814千円	………… ⑧
課税時期現在の純資産価額⑤－⑧	185,586千円	………… ⑨
課税時期現在の発行済株式数	20万株	………… ⑩
1株当たりの純資産価額	927円	……… ⑨÷⑩

(飯田　美緒)

★★ 配当還元方式による非上場株式の評価

Q26

配当還元方式による非上場株式の評価について説明してください。

非上場株式の相続税評価のうち、評価会社の経営への影響度の少ない一部の同族株主および同族株主以外の株主の取得した株式については、特例的評価方式である配当還元方式により評価することとしています。

解説

1 同族株主以外の株主等が取得した株式の評価（特例的評価方式）

1 概　要

相続、遺贈又は贈与により非上場株式を取得した個人のうち、その株式にかかる評価会社の経営への影響度の少ない一部の同族株主及び同族株主以外の株主（「同族株主以外の株主等」）が取得した株式（本章Q27参照）については、配当を期待するにとどまることから、原則的評価方式（本章Q23参照）によらず、次の2のとおり、特例的評価方式である配当還元方式により評価することとしています（財産評価基本通達178ただし書）。

2 配当還元方式による株式評価の計算

次の算式により計算します。なお、次の算式により計算した金額が、原則的評価方式で計算した金額を上回る場合には、原則的評価方式によって評価します（財産評価基本通達188-2）。

第3章 事業承継にかかる相続税・贈与税のポイント

〈算式〉

① $\dfrac{（直前期の年配当金額＋直前々期の年配当金額）}{2}$ （千円未満切捨）

② $\dfrac{直前期末における資本金等の額}{50円}$

③ $\dfrac{①}{②}$ ＝1株（50円）当たりの年配当金額（銭未満切捨）

④ $\dfrac{③}{10\%} \times \dfrac{その株式の1株当たりの資本金等の額}{50円}$ （円未満切捨）

（注）③の計算した金額が2円50銭未満又は無配の場合は、2円50銭とします。

② 配当還元方式による株式評価の特徴

配当還元方式は、評価会社の株式のかかる年配当金額を基にして計算するため、評価会社の業績や資産内容を基に株式を評価する「原則的評価方式」の評価方法に比べて、通常は株価が低くなります。

(飯田　美緒)

★★
配当還元方式により評価する非上場株式とは

Q27

相続税や贈与税の計算上、配当還元方式により評価する非上場株式の範囲について教えてください。

POINT

個人が相続、遺贈または贈与（以下「相続等」という。）により取得した非上場株式が、解説の[1]に挙げる４類型に当てはまる場合には特例的評価方式である配当還元方式（本章Q26参照）で評価し、当てはまらない場合は、特定の評価会社（Q23参照）に該当しない限り、原則的評価方式（Q24の類似業種比準方式、Q25の純資産価額方式等）で評価することになります（財産評価基本通達178）。

解説

[1] 特例的評価方式により評価する非上場株式の範囲

財産評価基本通達188(1)～(4)は、配当還元方式で評価する非上場株式の４類型について次のとおり定めています。

⑴ 同族株主のいる会社の株式のうち、同族株主以外の株主の取得した株式

この場合の「同族株主」とは、課税時期における評価会社の株主のうち、株主の１人およびその同族関係者（その株主の親族等およびその株主とその親族等が支配している一定の会社をいいます。ここで「支配」とは、他の会社の発行済株式総数または議決権総数の50％超を有していることをいいます（法人税法施行令４条第３項）。）の有する議決権の合計数が、その会社の議決権総数の30％以上（同総数の50％超となる場合は50％超）である場合の"その株主とその同族関係者"をいいます。

94

第3章　事業承継にかかる相続税・贈与税のポイント

(2)　中心的な同族株主のいる会社の株主のうち、中心的な同族株主以外の同族株主で、その者の株式取得後の議決権の数がその会社の議決権総数の5％未満であるもの（課税時期において評価会社の役員である者および相続税等の法定申告期限までの間に役員となる者を除きます。）の取得した株式

　この場合の「中心的な同族株主」とは、課税時期において同族株主の1人ならびにその株主の配偶者、直系血族、兄弟姉妹および1親等の姻族（これらの者の同族関係者である会社のうち、これらの者が議決権総数の25％以上を有する会社も含みます。）の有する議決権の合計数が、その会社の議決権総数の25％以上である場合の、その株主（1人）をいいます。

(3)　同族株主のいない会社の株主のうち、課税時期において株主の1人およびその同族関係者の有する議決権の合計数が、その会社の議決権総数の15％未満である場合における、その株主の取得した株式

(4)　中心的な株主がおり、かつ、同族株主のいない会社の株主のうち、課税時期において株主の1人およびその同族関係者の有する議決権の合計数がその会社の議決権総数の15％以上である場合におけるその株主で、その者の株式取得後の議決権の数がその会社の議決権総数の5％未満であるもの（(2)の役員である者および役員となる者を除きます。）の取得した株式

　この場合の「中心的な株主」とは、課税時期において株主の1人およびその同族関係者の有する議決権の合計数がその会社の議決権総数の15％以上である株主グループのうち、いずれかのグループに単独でその会社の議決権総数の10％以上の議決権を有している株主がいる場合における、その（10％以上の議決権を有している）株主をいいます。

95

② ①の株式の範囲についての整理

①は財産評価基本通達188の定めをそのまま記載しましたが、一読しただけでは(1)～(4)の関係が分かりにくく、これが配当還元方式により評価する非上場株式の範囲を正確に理解できない理由になっていると思われます。そこで、この通達の内容の理解をスムーズにするため、その趣旨を整理すると次のとおりとなります。

まず、① (＝財産評価基本通達188) の (1)と(2) 及び (3)と(4) をそれぞれ一組として捉えることが腑に落ちる理解の第一歩だと思います。(1)と(2)は、同族株主がいる株式会社を前提とした一組であり、(3)と(4)は、同族株主がいない株式会社を前提とした一組です。

(1)により、同族株主がいる会社の株主で、同族株主以外の株主が取得した株式は配当還元方式による評価、反対に同族株主は原則的評価方式ということになります。

(2)は、同じく同族株主がいる会社で、(1)で同族株主となる株主（たとえば、甲）であっても、①その会社に中心的な同族株主がいる場合で、甲が②中心的な同族株主には当たらず、③5％未満の議決権しか有せず、かつ、④役員でもない株主であれば、その取得した株式は原則的評価方式ではなく配当還元方式で評価する、という規定です。

端的にいえば、(2)は、(1)だけではその取得した株式に原則的評価方式が適用される同族株主でも、(2)の要件を満たす者に限り、配当還元方式の世界に救い出す規定です。

(3)と(4)は、いずれも同族株主がいない会社を前提に、まず、(3)により、15％未満の議決権を有するグループに属している株主が取得した株式には配当還元方式、15％以上の議決権を有するグループに属している株主が取得した株式には原則的評価方式を適用する、ということになります。

その一方、(4)は、15％以上の議決権を有するグループに属している株主（たとえば、乙）でも、①中心的な株主に当たる株主を有する

第3章　事業承継にかかる相続税・贈与税のポイント

グループがあり、②乙がそのグループに属してもいなくても、乙自身は5％未満の議決権しか有せず、かつ、③乙が役員でなければ、乙の取得した株式には配当還元方式を適用するという規定です。

つまり、(4)は、(3)だけではその取得した株式に原則的評価方式が適用される"15％以上の議決権を有するグループに属する株主"でも、(4)の要件を満たす者に限り、配当還元方式の世界に救い出す規定です。

以上の説明を図で示すと、次のとおりとなります。

図表　適用すべき評価方式の判定チャート

評価会社の筆頭の株主グループの議決権割合が		
50％超	30％以上50％以下	30％未満
同族株主のいる会社		同族株主のいない会社

その株主の属する株主グループの議決権割合が					
50％超	50％以下	30％以上50％以下	30％未満	15％以上30％未満	15％未満

同族株主 → 取得後の議決権割合が 5％以上 / 5％未満

同族株主以外の株主

議決権割合が15％以上の株主グループの株主 → 取得後の議決権割合が 5％以上 / 5％未満

議決権割合が15％未満の株主グループの株主

同族株主の中に中心的な同族株主が いない / いる

取得者が中心的な同族株主 である / でない

取得者が役員 である / でない

議決権割合が15％以上の株主グループの中に中心的な株主が いない / いる

取得者が役員 である / でない

＊1　「株主グループ」とは、その株主と同族関係者から成ります。

＊2　評価会社が自己株式を有する場合、自己株式にかかる議決権の数を0として計算した数を評価会社の議決権総数として、株式評価方法の決定にかかる株主区分の判定を行います。

原則的評価方式　特定的評価方式(配当還元価額)　　原則的評価方式　特定的評価方式(配当還元価額)

（亀山　孝之）

97

第4章

親族内承継の事業承継対策①
～経営権確保対策と遺産分割対策～

★★ オーナー経営者が親族の後継者に自社株式を承継させる場合に最も大切なこと

中小企業のオーナー経営者が親族の後継者に自社株式を承継する際に、最も大切なことは何でしょうか。

中小企業のオーナー経営者が後継者に対して自社株式を承継する際には、①自社株式を後継者に集中（少なくとも議決権総数の50％超）させる「経営権の確保」、②後継者以外の相続人に遺留分以上の遺産を相続させる「後継者以外の相続人の遺留分の確保」を両立させることが最も重要です。

解説

1 事業承継における経営権の確保とは

1 基本的な考え方

事業承継とは、オーナー経営者から後継者へ事業のバトンタッチを行うことですが、具体的には、自社でこれまで培ってきた様々な財産やノウハウを上手に後継者へ引き継がせることが必要です。事業承継においては、後継者が一定数以上の議決権を取得させることにより、取締役会や株主総会を掌握し、会社を支配することが最重要となります。

2 経営権の確保のために必要な議決権数

株式は通常1株式につき1議決権ですが、株主総会における議案を可決するのに必要な議決権は、議案の内容毎に異なります。たとえば、取締役の選解任や計算の承認等は普通決議が要件になっており、可決するには通常、その会社の議決権総数の50％超を保有している必要があります。定款の変更や、組織再編、事業譲渡等の重要度が高い議

案については特別決議が必要であり、これら重要議案を可決するためには通常、議決権総数の3分の2以上を保有している必要があります（第2章Q17参照）。

このため後継者が会社を支配するには、少なくとも議決権総数の50％超、できれば議決権総数の3分の2以上が必要になります。

② 後継者以外の相続人の遺留分の確保

後継者の経営権の確保のため、オーナー経営者の財産のうち、自社株式その他事業承継に必要な財産を遺言や贈与により後継者に集中的に承継させる場合、注意しないといけないのは、後継者以外の相続人の遺留分の確保です。後継者以外の相続人の遺留分への配慮を疎かにすると相続争いが生じ、会社経営に悪影響を及ぼします。このため、事業承継対策を検討する場合は、後継者以外の相続人に遺留分以上の財産を相続させるように配慮することが不可欠です。

後継者以外の相続人の遺留分を確保するための対策としては、オーナー経営者が個人資産として金融資産を殖やしておき、後継者以外の相続人にその金融資産を相続させるような方法をまず検討すべきです。オーナー経営者の金融資産を殖やすことが難しい場合には、種類株式や信託を活用した対策の検討が考えられます。

③ 自社株式の承継方法

オーナー経営者から後継者に自社株式の承継を行う場合、①オーナー経営者の生前に後継者が贈与により取得する、②同じく譲渡により取得する、③オーナー経営者の相続開始後に後継者が遺言に基づき取得する、④同じく後継者が他の相続人との遺産分割協議により取得する、の4つの方法があります。

この4つの方法のうち、④は相続人間の遺産分割協議の成立が必要であり、分割協議が成立しない間は自社株式が相続人の共有とされる

（第2章Q12参照）ため、会社経営の不安定化の原因となります。このため、後継者の経営権を確実に確保するためには、①〜③による自社株式の承継を図ることが望ましく、そのなかでも後継者の資金負担が少ない（売買代金が不要）点を考えれば、①の自社株式を後継者が贈与により取得する方法または③の後継者が遺言に基づき取得する方法が望ましいといえます。

（森　繁之助）

第4章 親族内承継の事業承継対策①〜経営権確保対策と遺産分割対策〜

★★★
「後継者の経営権確保」と「後継者以外の相続人の遺留分の確保」対策の概要

Q29

後継者である長男に議決権を集中させるために、自分が保有する自社株式については全て長男に相続させたいと思っています。子どもは他に長女がいますが、長女は会社経営には関与していません。財産の分け方に関して、どのようなことに注意する必要がありますか。

1 子が1人で後継者のみという場合には、自社株式を全てその子に渡せば問題は生じませんが、後継者以外の子もいる場合には、その子に対する配慮も必要となります。

2 安定的な経営を実現するために、自社株式や事業用資産については後継者に集中的に取得させることが原則となりますので、後継者以外の子にはそれ以外の資産、具体的には事業とは関係ない金融資産を渡すことが一般的です。

解説

① 後継者への事業用資産の集中と後継者以外の相続人への配慮

オーナー経営者の相続に際しては、自社株式や事業用資産（たとえば、自社で使用している不動産で、会社がオーナー経営者から賃借しているもの等）を後継者に集中的に取得させることが基本的な考え方となります。これは後継者が安定的に経営を承継するために必要なことです。

一方で、後継者以外の相続人に何も相続させないとなると、あまりにバランスを欠き、相続人間で揉めてしまうことも考えられます。そこで、後継者以外の相続人には、会社とは関係のない金融資産（預貯

金等）を取得させることでバランスを取ることが一般的です。

② 遺留分対策

1 オーナー経営者の財産構成の特徴

オーナー経営者の財産構成を見ると、全体に占める自社株式や事業用資産の割合が高く、これらを後継者に集中させると、後継者以外の相続人が取得する財産が著しく少なくなってしまうことが多くあります。遺留分（第2章Q15参照）を侵害してしまうケースも少なくありません。

仮にオーナー経営者が、自社株式や事業用資産を後継者に集中させる旨の遺言を作成したとしても、後継者以外の相続人から遺留分減殺請求をされてしまうと、後継者の議決権確保に問題が生じてしまう可能性もあります。

2 遺留分の放棄

このような場合の1つの対策としては、生前に後継者以外の相続人に一定額の金融資産を贈与し、その見返りとして、後継者以外の相続人に遺留分を生前に放棄してもらうということが考えられます。遺留分の放棄のためには、家庭裁判所の許可が必要となりますが、その際、「代償財産の有無」も許可の基準とされています（第2章Q15⑤参照）。生前の金融資産の贈与は、その代償としての意味を持ちます。

3 経営承継円滑化法の「民法の遺留分に関する特例」の活用

2の遺留分の放棄以外には、経営承継円滑化法に規定する「民法の遺留分に関する特例」（第2章Q16参照）を活用することが考えられます。この特例の適用を受けることにより、オーナー経営者から後継者に自社株式の議決権の過半数を贈与する際に、一定の要件を満たす場合は、①生前贈与する株式を遺留分の対象から除外（除外合意）ま

たは②生前贈与する株式の評価額をあらかじめ固定（固定合意）することが認められます。なお、2の遺留分の放棄と同様、この特例の適用には家庭裁判所の許可を受けることが必要ですが、その手続は後継者が単独で行う（遺留分の放棄の場合は遺留分権利者が個別に手続を行う。）ことになります。

③　後継者以外の相続人に金融資産を渡すための方法

　オーナー経営者が受け取る退職金や給与の引き上げにより、後継者以外の相続人に渡すための金融資産がオーナー経営者に蓄積できれば問題は生じませんが、十分な金融資産がない場合には、その対策も必要となります。一案としては、相続時に一部の自社株式を後継者以外の相続人に取得させるものの、すぐにその株式を会社が自己株式として取得することで、後継者以外の相続人が株式の対価としての金銭を得るようにすることも考えられます。

　ただし、この場合、株式を取得した相続人がすぐに会社に株式を譲渡しないと、議決権が分散してしまう可能性があります。後継者以外の相続人に取得させる株式を種類株式（会社法108条第1項・本章Q31参照）の1つである取得条項付種類株式（同）としておき、すぐに会社が買い取ることができるようにしておくことも考えられます。

　なお、自己株式の取得については、会社法上、財源規制が課されているため（会社法461条・第5章Q50参照）、注意が必要です。

（小野寺　太一）

★★★
経営権を後継者に集中させる手法

Q30

　我が社の株式は、社長の私が議決権総数の60％を保有し、残りの40％については他の親族や従業員等が保有しています。今後、後継者である長男に経営を譲っていくにあたって、株式（議決権）についても後継者に集中させていきたいと考えていますが、どのような方法があるでしょうか。

POINT　親族内承継を前提とすると、株式（議決権）を後継者に集中させるためには、①オーナー経営者である親が保有している60％分の承継を円滑に行うとともに、②状況に応じて親以外の親族や従業員等の他株主が保有している40％分の後継者への集約も検討する必要があります。

解説

１　オーナー経営者（親）保有株式の承継

　オーナー経営者（親）が保有する株式について、後継者が承継する方法は、相続により承継する場合と、生前に承継する場合とに分かれます。

1　相続により承継する場合

　相続により承継する場合には、遺言により、後継者が親の保有する自社株式を取得することになっていることが望まれます。遺言がない場合には、相続人の間で遺産分割協議が必要となり、後継者以外の相続人が株式の一部を取得する等により、後継者が安定的な経営を行うのに必要な数の株式を取得できないことが考えられるためです。また、遺産分割協議により、最終的に後継者が株式を取得する場合でも、遺

第4章 親族内承継の事業承継対策①～経営権確保対策と遺産分割対策～

産分割協議完了まで自社の議決権の状況が不安定な状態となってしまう可能性があります。

2 生前に承継する場合

生前に後継者に株式が承継されると、より安定的な承継が実現できます。生前に承継する方法としては、対価を伴う売買と、対価を伴わない贈与があります。以前は後継者が金融機関等から借り入れをして、親の保有株式を買い取るケースも多くありましたが、近時は贈与にかかる税務上の制度が充実してきていることもあり、売買よりも資金的負担が少ない贈与を優先的に検討することが多いと言えます。

② オーナー経営者（親）以外が保有する株式の後継者への集約

後継者が安定的に経営を承継するためには、後継者は最低でも株主総会の普通決議を単独で可決できる議決権総数の50％超の議決権を、可能であれば特別決議を単独で可決できる3分の2以上の議決権を有することが望まれます。

親の保有株式の割合が低い場合には、親以外の保有分を後継者に集約することが考えられます。

親以外の親族や他人が保有している株式について、相続（遺贈）や贈与により、後継者が取得することは稀でしょう。一般的には、これらの株主が保有する株式を後継者に集約する場合には、売買を選択することになります。

ただし、売買と言っても、後継者自身が買い取るケース以外に、自社が買い取り主体となる場合（自己株式の取得・第5章Q50参照）もあります。自己株式には議決権がないため、親以外の親族や他人が保有する株式を自社で取得し、自己株式とすることで、後継者の議決権割合を高くすることができます。

最近では、後継者の出資により設立された会社が、金融機関から

107

融資を受けて、これらの株主から株式を買い取り、後継者が間接的に株式（議決権）を確保するケースも増えてきています（本章Q39参照）。

(小野寺　太一)

非上場会社における種類株式の取扱いとは

Q31

非上場会社における種類株式の取扱いについて教えてください。

会社法では、株式会社が、剰余金の配当など9種の事項について異なる定めをした内容の異なる複数の種類の株式を発行することを認めており、この株式を「種類株式」といいます。

解説

1 種類株式とは

株式の有する権利内容は原則として同じですが、会社法では権利内容が異なる複数の株式を発行することができるとされています（会社法108条第1項）。具体的には、受け取る配当の金額や行使できる議決権の内容等について、ある株式は配当を多くもらえる、ある株式は議決権が制限される等、株式間で差をつけることができるということです。

このように複数の種類の株式を発行した場合の各株式のことを種類株式といいます。会社法108条第1項では、株式間で異なる定めをすることができる事項として、以下の9つの事項を定めています。

① 剰余金の配当
② 残余財産の分配
③ 株主総会において議決権を行使することができる事項
④ 譲渡による当該種類の株式の取得について当該株式会社の承認を要すること
⑤ 当該種類の株式について、株主が当該株式会社に対してその取得を請求することができること（この種類の株式を「取得請求権

付種類株式」といいます。）

⑥　当該種類の株式について、当該株式会社が一定の事由が生じたことを条件としてこれを取得することができること（この種類の株式を「取得条項付種類株式」といいます。）

⑦　当該種類の株式について、当該株式会社が株主総会の決議によってその全部を取得すること（この種類の株式を「全部取得条項付種類株式」といいます。）

⑧　株主総会において決議すべき事項のうち、当該決議のほか、当該種類の株式の種類株主を構成員とする種類株主総会の決議があることを必要とするもの（この種類の株式を所有する株主は、一定の株主総会の決議に対して拒否権を持ちます。このため、この種類の株式を別名「黄金株」「拒否権付種類株式」といいます。）

⑨　当該種類の株式の種類株主を構成員とする種類株主総会において取締役又は監査役を選任すること（非公開会社のみ発行できます。）

② 種類株式発行のための手続

1 定款変更

　種類株式を発行するためには、定款に種類株式を発行する会社であると定める必要があり、また、種類株式の内容に応じて、会社法108条第2項各号に定められている事項についても定款で定める必要があります。たとえば、剰余金の配当にかかる種類株式を発行する場合には、当該種類株主に交付する配当財産の価額の決定の方法、剰余金の配当をする条件、その他剰余金の配当に関する取扱いの内容を定めるものとしています。なお、定款変更は株主総会の特別決議事項であるため（会社法309条第2項11号）、3分の2以上の同意が必要となります（第2章Q17参照）。

2 登記

種類株式の内容については登記が必要です（会社法915条第1項、911条3項7号）。なお、新たに種類株式を発行するのではなく、既に発行されている株式をその株式とは異なる種類の株式に変更(転換)する場合等には、株主平等の原則の観点から、不利益を受ける株主の同意が必要とされており、登記手続を行う際には、登記実務上、それらの株主全員から同意書を入手することになります。

③ 種類株式活用上の留意点

②2のとおり、種類株式の内容は商業登記簿謄本に記載されることとなり、外部からも内容を把握することができる点には留意が必要です。

また、種類株式の税務上の評価については、国税庁より「種類株式の評価について（情報)」（平成19年3月9日）が公表されていますが（本章Q34参照）、すべての種類株式の評価方法が明示されているわけではありません。各種類株式の内容に応じて、評価方法が異なる可能性もあるため、慎重な判断が必要です。

（小野寺　太一）

★★★ 議決権制限株式を利用した対策

Q32
私には後継者である長男の他、会社経営には関与していない長女がいます。会社経営の安定性を考えると、後継者である長男にすべての自社株式を譲りたいと思っていますが、自社株式以外に大きな財産もなく、長女に渡す財産が少なくなってしまうことを懸念しています。このような場合で種類株式を活用する方法があると聞きましたが、どのような方法でしょうか。

自社株式以外の財産が少ない場合には、遺産分割のバランス上、会社経営に関与していない長女にも一定の自社株を渡さざるを得ない場合もあります。

そのような場合には、長女に渡す株式について、議決権を制限することにより、後継者である長男による会社経営の安定性に影響が及ばないようにすることが考えられます。

解説

1 オーナー経営者の財産構成と遺産分割

オーナー経営者の財産に占める自社株式の割合が高いと、後継者である相続人と会社経営に関与しない相続人との間で、遺産分割のバランスが取れないケースがあります。そのような場合には、やむを得ず、会社経営に関与しない相続人にも自社株式を相続させざるを得ないこともあります。

2 会社経営に関与しない株主のリスク

会社経営に関与しない株主がその会社の株式を相続等により取得したとしても、その株式をすぐに会社が買い取ることができれば、会社

経営に問題は生じないと考えられます。しかし、会社法の財源規制、会社の資金繰り、その株主が株主でいることを希望している等の理由で、買い取りが難しい場合もあります。

会社経営に関与しない株主が株式を継続保有することで、最も懸念されるのはその株主が有する議決権の問題でしょう。保有する株式の割合にもよりますが、その株主が後継者と対立した場合には、会社経営が混乱してしまう可能性も生じます。

③ 議決権制限株式の活用

議決権について懸念がある場合には、種類株式の1つである、議決権制限株式を活用することが考えられます。議決権制限株式はその名の通り、議決権を制限した株式であり、すべての議案について議決権を有しない無議決権株式とすることも可能です。

今回のケースでは、オーナー経営者の保有する株式のうち、将来的に長女に相続させる株式については、生前にあらかじめ無議決権株式に転換しておき、長女にはその無議決権株式を相続させるということが考えられます。

図表　無議決権株式の活用

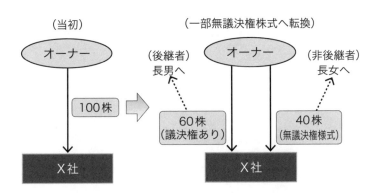

これにより長女にも自社株式を含む財産を相続させ、長男とのバランスを取ることができる一方で、長女が保有する株式については議決権をなくすことで、会社経営が混乱しないような仕組みを作ることが可能です。

4 議決権制限株式活用における留意点

長女の側からすると、いくら株式を受け取ったと言っても、議決権がない株式では、納得しないケースもあります。このような場合、議決権を制限する代わりに、普通の株式よりも配当を多く受け取ることができる株式（配当優先・無議決権株式）にする等の対応をしているケースが見られます。

長女からすれば、会社経営（議決権）に興味があるというよりも、配当を得られる財産としての価値に興味がある場合の方が多く、配当を多く受け取る権利があることで理解を得やすくなるでしょう。

（小野寺　太一）

第4章　親族内承継の事業承継対策①〜経営権確保対策と遺産分割対策〜

★★★
拒否権付種類株式（いわゆる黄金株）を使った対策

Q33

　長男が会社を継いでくれることとなりました。今のところ経営も順調で株価も上昇基調が続きそうなため、これ以上株価が上昇する前に、社長である自分が保有する自社株式を長男に譲りたいと考えています。ただ、全株式を譲ってしまった後に、長男が会社経営で暴走するようなことがないか心配です。何かよい方法はないでしょうか。

POINT　　種類株式のうち、拒否権付種類株式（いわゆる黄金株）を活用することで、解決できる可能性があります。

　　具体的には、社長が保有する株式のうち1株を黄金株に転換し、その1株は自身で継続保有することで、株主総会における一定事項について拒否権を確保する一方、残りの株式については後継者である長男に譲ることで、株価上昇前に実質的に株式の移転を完了させる方法です。

解説

1　拒否権付種類株式とは

　拒否権付種類株式（黄金株）とは、株主総会において決議すべき事項のうち、当該決議のほか、黄金株を保有する株主を構成員とする種類株主総会の決議があることを必要とするもの（会社法108条第1項8号）です。具体的には、会社が定めた特定事項の決議については、通常の株主総会以外に、黄金株を保有する株主（1人だけが保有する場合にはその1人）の承認が必要となります。つまり、黄金株保有者が承認をしないと、その事案は承認されないこととなり、黄金株保有者は拒否権を持つこととなります。

115

どのような事項について黄金株を保有する株主の承認を必要とするか（拒否権の範囲）は、会社が自由に決めることができますが、広範囲な事項を対象としてしまうと、常に黄金株を保有する株主の承認が必要となり、会社経営が円滑に進まなくなってしまう可能性があります。そのため、一般的には合併、事業の譲渡、定款変更、取締役の選任・解任など、会社の重要事項に限定することが多いようです。

2 黄金株の具体的な活用方法

　社長が保有する株式のうち、1株だけを黄金株に転換し、黄金株については社長自身がそのまま保有を継続します。残りの普通株式（黄金株以外の株式）については、贈与等の方法で後継者に移転します。これにより、社長は1株しか保有していないにも関わらず、一定の事項に関する拒否権を持ち続け、後継者の経営を牽制することができるので、黄金株以外の普通株式について早期に安心して後継者に譲ることができます。

図表　黄金株の活用

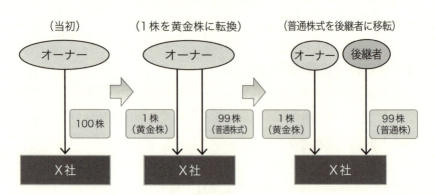

③ 黄金株を活用する場合の留意点

　黄金株は非常に権利が強い株式であるため、万が一でも後継者以外の相続人等が取得すると会社経営が混乱に陥る可能性があります。そのため、後継者に安心して経営を任せられる状態となるなど、一定期間経過後に自社で買い取り、黄金株を消却する等の対応が必要となります。社長が保有し続ける場合には、遺言で、黄金株については後継者が取得するようにする等の対応が必要です。

　また、あまりに拒否権の範囲が広いと、経営が円滑に進まなくなる可能性がある点については前述の通りです。

　なお、他の種類株式同様、黄金株の内容については自社の商業登記簿謄本に記載されるため、外部からも内容を把握することが可能です。場合によっては、父親が引き続き息子の経営に干渉していると思われるなど、あまりよくない印象を持たれてしまう可能性もあるため、活用に際しては十分な検討が必要です。

（小野寺　太一）

★★★ 非上場会社の発行した種類株式の相続税評価

Q34
平成18年5月に施行された会社法により多種多様な種類株式の発行が認められるようになりました。中小企業の事業承継において活用が想定される種類株式を相続により取得した場合の相続税法上の評価方法について教えてください。

非上場会社の発行する種類株式のうち、財産評価基本通達によって評価することが著しく不適当なものについては、個別に権利内容等を判断して評価を行うのが原則です。

ただし、非上場会社が発行する種類株式のうち、一定の種類株式については、国税庁より公表された「種類株式の評価について(情報)」(平成19年3月9日)により、具体的な評価方法が示されています。

解説

1 種類株式の相続税法上の評価方法(原則)

種類株式の評価方法については、財産評価基本通達(以下「評価通達」)には定められていませんが、「平成30年版 財産評価基本通達逐条解説」の704頁～705頁の「〔参考2〕種類株式の評価方法」に、要旨として次のような記述があります。

「平成18年の会社法の施行以来、非上場会社においても多種多様な種類株式の発行が可能になった。その相続税法上の評価については、権利内容(たとえば、配当や残余財産分配の優先劣後)など、さまざまな要因によってその発行価額や時価が決まってくると考えられる。しかも、このような種類株式については社会一般における評価方法も確立されていない上に、権利内容の組み合わせによっては相当数の種

類株式の発行が可能であることから、その一般的な評価方法をあらかじめ定めておくことは困難である。したがって、評価通達に定める評価方法がなじまないような種類株式については、個別に権利内容等を判断して評価することしている。」

これが、種類株式の相続税法上の評価における基本的な考え方です。

② 一部の種類株式の相続税法上の評価方法の公表

上述①の基本的考え方だけでは、種類株式の相続税法上の評価方法が不明確で納税者にとっても課税当局にとっても不便であるため、中小企業の事業承継目的で活用が一般に想定される一部の種類株式については、「種類株式の評価について（情報）」（平成19年3月9日）として具体的な相続税法上の評価方法が公表されています。

1 配当優先の無議決権株式の評価

⑴ 配当優先株式の評価

配当について優先・劣後のある株式を発行している会社の株式を類似業種比準方式（第3章Q24参照）により評価する場合、純資産価額方式（第3章Q25参照）により評価する場合は次のとおりとなります。

① 類似業種比準方式

配当について優先・劣後のある株式を発行している会社の株式の評価に当たっては、配当金の多寡は、比準要素のうち「1株当たりの配当金額（Ⓑ）」に影響するので、「1株当たりの配当金額（Ⓑ）」は、株式の種類ごとにその株式にかかる実際の配当金により計算します。

② 純資産価額方式

純資産価額方式で評価する場合には、配当金の多寡は評価の要素としていないことから、配当優先の有無にかかわらず、財産評価基本通達185《純資産価額》の定めにより評価します。

⑵ **無議決権株式の評価**

① 原 則

無議決権株式を発行している会社の無議決権株式については、原則として、議決権の有無を考慮せずに評価します。

② ①に代えて選択適用できる評価法

上記①の評価を原則としますが、一方では、議決権の有無によって株式の価値に差が生じるのではないかという考え方もあることを考慮し、同族株主が無議決権株式（次の２の社債類似株式を除きます。）を相続により取得した場合には、次の条件をすべて満たす場合に限り、納税者の選択により、前記⑴または原則的評価方式により評価した価額から、その価額に5％を乗じて計算した金額を控除した金額により評価するとともに、当該控除した金額を当該相続により同族株主が取得した当該会社の議決権のある株式の価額に加算した金額で評価できます（以下、この方式による計算を「調整計算」といいます。）。

【条件】

ア 当該会社の株式について、相続税の法定申告期限までに、遺産分割協議が確定していること。

イ 当該相続により、当該会社の株式を取得したすべての同族株主から、相続税の法定申告期限までに、当該相続により同族株主が取得した無議決権株式の価額について、調整計算前のその株式の評価額からその価額に5％を乗じて計算した金額を控除した金額により評価するとともに、当該控除した金額を当該相続により同族株主が取得した当該会社の議決権のある株式の価額に加算して申告することについての届出書が所轄税務署長に提出されていること。

ウ 当該相続税の申告に当たり、評価明細書に、調整計算の算式に基づく無議決権株式および議決権のある株式の評価額の算定根拠を適宜の様式に記載し、添付していること。

2　社債類似株式の評価

⑴　社債類似様式の意義

社債類似株式とは次の条件を満たす株式です。

【条件】

　ア　配当金については優先して分配する。

　　　また、ある事業年度の配当金が優先配当金に達しないときは、その不足額は翌事業年度以降に累積することとするが、優先配当金を超えて配当しない。

　イ　残余財産の分配については、発行価額を超えて分配は行わない。

　ウ　一定期日において、発行会社は本件株式の全部を発行価額で償還する。

　エ　議決権を有しない。

　オ　他の株式を対価とする取得請求権を有しない。

⑵　社債類似株式の評価

社債類似株式は、その経済的実質が社債に類似していると認められることから、利付公社債の評価（財産評価基本通達197-2⑶）に準じて発行価額により評価しますが、株式であることから既経過利息に相当する配当金の加算は行いません。

⑶　社債類似株式を発行している会社のそれ以外の株式の評価

社債類似株式以外の株式の評価上、社債類似株式を貸借対照表上の社債（負債）であるものとして計算します。

③　拒否権付株式の評価

拒否権付株式（黄金株）については、拒否権があることを考慮せず普通株式と同様に評価します。

（注）拒否権付株式とは、会社法108条第1項8号に規定する株主総会の決議に対して拒否権の行使が認められた株式をいいます（本章Q33参照）。

（岡　隆充）

★★★ 属人的株式の利用

Q35
種類株式の利用により、後継者に議決権を集中させたり、後継者の経営を牽制することができることが分かりました。ただ、登記が必要ということで、外部にも種類株式の内容が分かってしまうことに抵抗があります。何か対応策はないでしょうか。

属人的株式を利用することで、種類株式の場合と同じような効果を得られます。属人的株式については登記が不要であり、外部に内容が知られることがありません。

解説

① 会社法の取扱い

株主は、保有する株式の内容及び数に応じて、平等に取り扱われなければいけません（会社法109条第1項）が、非公開会社については、剰余金の配当を受ける権利、残余財産の分配を受ける権利、株主総会における議決権について、株主ごとに異なる取扱いを定款で定めることができるとされています（同条第2項）。この株主ごとに異なる取り扱いがされる株式のことを、属人的株式と呼んでいます。

② 手続と登記

属人的株式の内容は定款で定めることとなるため、導入する場合には定款の変更が必要となります。通常、定款の変更には特別決議（議決権の3分の2以上。会社法309条第2項）が必要ですが、属人的株式を導入する場合には、特別特殊決議（総株主の半数以上、かつ議決権の4分の3以上。会社法309条第4項）が必要とされ（第2章Q17②3、5参照）、決議のハードルが高くなっています。これは、

属人的株式の定めが、株主の権利に重大な影響を及ぼすものと考えられるためです。

なお、種類株式の内容については、登記事項とされていますが（会社法915条第1項、911条第3項7号）、属人的株式は登記事項ではありません。したがって、外部に属人的株式を発行していることが知られることは通常ありません。

③ 具体的な活用

属人的株式は、後継者に議決権を集中させる場合にも利用することができます。たとえば、「代表取締役が保有する株式については、1株につき10個の議決権を有する」などと定款に定めることで、後継者の甲が代表取締役を務める期間、その議決権を増やすことができます。

このような定款の定め方により、その株式が他の株主に譲渡等により移転した場合であっても、その株式を譲り受けた株主がその株式会社の代表取締役でなければ、特別な権利（上記の例では1株につき10個の議決権を有すること）が引き継がれることはありません。たとえば甲の配偶者が、相続により甲が保有していた株式を取得したとしても、代表取締役でなければ、1株につき10個の議決権を有することはありません。この点、株式に権利が帰属している種類株式と異なることになります。

④ 留意点

属人的株式の利用を考える場合、その特別な権利が株式の移転により、次の株主に引き継がれるのかどうかという点は重要なポイントとなります。したがって、属人的株式を保有することで特別な権利を有する株主が死亡した場合には、その株主が有していた特別な権利が失効する旨を定款に定めておくことが無難です。また、死亡の場合だけ

ではなく、その株主が意思能力を喪失した場合も特別な権利が失効する旨を定款に定めておくべきでしょう。

　なお、属人的株式については、税務上の評価が必ずしも明確になっていません。このため慎重な判断が必要です。

（小野寺　太一）

第4章 親族内承継の事業承継対策①～経営権確保対策と遺産分割対策～

★★★
信託を利用した事業承継①～遺言の代わりに信託を利用～

Q36

遺言を作成する代わりに信託を利用する事業承継の手法がある
と聞きました。その具体的な内容について教えてください。

(POINT) オーナー経営者が、遺言の代わりに自社株式を対象に信
託を設定し、信託契約において、自らを当初の受益者とし、
オーナー経営者死亡後に後継者が受益権を取得する旨を定
めておくことで、経営の空白期間を作らずに事業承継を行うことがで
きます。

解説

① 信託のしくみ

1 信託とは

信託とは、財産の所有者（委託者）が一定の目的のために、信託行
為（信託契約、遺言または信託宣言）によって信頼できる受託者に対
して財産を移転し、その受託者はその信託行為に従って、その移転を
受けた財産（信託財産）の管理・処分等をする法律関係をいいます。
そして、その信託財産にかかる給付を受ける権利は、受益権を持つ受
益者が有します。

2 信託に関する独自の用語の説明

信託について正しく理解するためには、その独自の用語の意義をお
さえる必要があります。本間とQ37で登場する信託に関する用語の
意義は、次のとおりです。

(1) 委託者

信託される財産のもともとの所有者で、一定の目的のために、信託

125

行為によって、信託を設定する者をいいます（信託法2条第4項）。

(2) **受託者**

委託者から信頼され財産を託された者で、信託行為の定めに従って、信託の目的達成のために信託財産の管理・処分等の必要な行為をすべき義務を負うものをいいます（信託法2条第5項）。信託を非上場会社の事業承継対策として活用する場合、信託報酬等の問題から委託者の親族や同族会社が受託者になることが多いようですが、受託者にはその職務の性質上、信託の契約期間等を通じて適切な財産管理ができる能力が必要です。受託者としてふさわしい個人や法人が委託者の身近にいるかどうかが、信託の活用を検討するうえで重要なポイントになります。

(3) **受益者**

受益権を有する者をいいます（信託法2条第6項）。

なお、受益権とは、信託財産に属する財産の引渡しや信託財産から一定の経済的な給付を求める権利とそれを確保するため受託者等に対し一定の行為を求めることができる権利をいいます。また、受託者にとっては信託行為に基づいて受益者に対して負う債務となります。

(4) **指図権者**

受託者が行う信託財産の管理・処分等について、指図をする権利を持つ者をいいます。

(5) **自益信託**

委託者と受益者が同じであり、信託財産にかかる利益を委託者自身が受ける信託のことをいいます。自益信託を利用することにより、財産から生じる利益を得る権利を残して、財産の管理・処分等の機能を切り離すことができます。

② **遺言の代わりに信託を利用する手法**

1 そのしくみ

オーナー経営者（委託者）が生前に、受託者との間で信託契約を締

結して自社株式を対象に信託を設定し、その信託契約において、自らを当初の受益者とし、オーナー経営者（委託者）死亡後には後継者が受益権を取得する(受益者となる)旨を定めておきます。この場合、オーナー経営者（委託者）に議決権行使にかかる指図権を設定することで、信託の設定後も、オーナー経営者（委託者）が存命中は引続き経営権を維持することができます。

2　この手法の特長

(1)　オーナー経営者(委託者)は、その生存中、〈指図権を有する受益者〉として引き続き経営権を維持しつつ、信託契約により、あらかじめ経営者の死亡時に後継者たる子がその指図権と受益権を取得する旨を定めることにより、後継者が確実にそれらを通じて経営権を取得できるようにします。

(2)　自社株式を対象に信託を設定することにより、受託者が株主としてその自社株式を管理することになるため、信託の設定後はオーナー経営者が心変わりして後継者に自社株式を承継させずに第三者に自社株式を譲渡してしまうことなどを防止でき、後継者の地位を安定させることが可能です。

(3)　後継者は経営者の死亡と同時に〈指図権を持つ受益者〉（実質的な株主）となるため、経営上の空白期間が生じません。これに対し、遺言により自社株式を後継者に承継させる場合、遺言は作成後の取消しが可能であり（第2章Q14参照）、その遺言と異なる内容の遺言が存在するリスクもあり、遺言の執行（株主名簿の変更手続）にはある程度の期間が必要であることから、経営の空白期間を生むおそれがあります。したがって、この信託を利用した事業承継の手法は、遺言による自社株式の承継と比較してメリットがあるといえます。

③ 信託財産の名義と課税関係

1 信託財産の名義

　信託の設定により、信託財産は、民法上受託者名義（つまり、受託者に属する財産）となります。これにより、受託者はその権限に基づいて信託財産の管理・処分を行うことができます（信託法2条第3項）。なお、委託者が受益者となる自益信託の場合は、税務上（下記2参照）、信託の設定の前後で信託財産にかかる経済価値の移動がないため、信託財産の名義が受託者に移動したことによる課税関係は生じません。

2 税務上の取扱い

　信託財産から生じる利益は、実質的には受託者ではなく受益者が受けることから、税務上はその実質を重視し、受益者が所有者とみなされます。つまり、受益者が信託財産に属する資産・負債を有しているものとみなして、信託財産にかかる収益・費用は受益者に帰属します（所得税法13条第1項、法人税法12条第1項）。

　この手法において当初は自益信託なので、その設定による自社株式の移転は税務上ありませんので、課税は生じません。一方、オーナー経営者の相続が発生した場合には、委託者の死亡に起因して後継者が受益者となります。この場合、税務上は委託者（＝直前の受益者）から次の受益者に遺贈があったものとして取扱われ、相続税の基礎控除を超える場合には相続税が課税されます（相続税法9条の2）。

（岡　隆充）

第4章 親族内承継の事業承継対策①〜経営権確保対策と遺産分割対策〜

★★★
信託を利用した事業承継②
〜自社株式の贈与の代わりに信託を利用〜

Q37

　非上場会社のオーナー経営者である甲は、後継者の長男に自社株式を贈与しようと考えていますが、その贈与後に長男が株式を勝手に売却してしまわないか心配です。贈与以外に、長男に自社株式を渡す方法はないのでしょうか。

　信託を利用する方法があります。甲が委託者となり、自社株式を対象に信託を設定し、信託契約において、受益者を、後継者である長男とすることで、自社株式の経営権以外の部分を後継者に取得させることができます。

解説

1　自社株式の贈与の代わりに信託を利用する手法

　以下で登場する「委託者」「受益者」等の信託に関する独自の用語の意義については、Q36の1の2を参照してください。

1　信託のしくみ

　自社株式の贈与に代わる信託を利用した事業承継の方法とは、たとえば甲が委託者として受託者との間で信託契約を締結して自社株式を対象に信託を設定し、その信託契約において後継者である長男を受益者と定める手法です。この信託の設定時に、甲に議決権行使の指図権を設定することで、甲（委託者）が経営権を維持したまま、長男に自社株式の経営権以外の部分を実質的に承継させることができます。

　なお、上記のような委託者と受益者が異なる信託で、信託財産にかかる利益を委託者以外の他者が受けるものを、「他益信託」といいます。

2 この手法の特徴

(1) 甲（委託者）が議決権行使の指図権を保持することで、甲は、引き続き経営権を維持しつつ、自社株式の経営権以外の部分のみを後継者である長男に取得させることができます。

(2) 信託契約において、信託終了時に長男が自社株式の交付を受ける旨を定めておくことで、長男は後継者の地位を確立でき、安心して経営に専念できます。

(3) 長男が経営権を取得することとなる信託終了時をいつにするかについては、信託設定から数年経過時、あるいは、甲（委託者）の死亡時など、甲の意向に応じた柔軟な方法を構築することができます。

(4) 拒否権付種類株式（いわゆる黄金株・本章Q33参照）を発行して、経営者が拒否権付種類株式を保持したまま、それ以外の自社株式を後継者に生前贈与することにより、前述の他益信託を利用する場合とある程度は同様の効果を得ることができます。

しかし、種類株式を利用する場合は、次のような問題があり、本問のような他益信託を利用した事業承継の手法の方が、メリットがあるといえます。

① 新たに拒否権付種類株式などの種類株式を発行するためには、株主総会の招集、特別決議が必要であり、手続が煩雑となります。

② 拒否権付種類株式により、後継者の意思が反映された株主総会の決議を拒否することができますが、株主総会の決議の拒否により後継者との関係が悪化する恐れがあります。

③ 株主総会の決議の拒否はできますが、積極的に会社の意思決定をすることができません。

② 他益信託の設定時の課税関係

ご質問のような他益信託の場合には、信託設定の前後で税務上の所有者が変わりますので、信託の効力発生時（信託契約により信託を設

定する場合は、原則その契約の日）に、適正な対価のやり取りがある場合は、委託者から受益者に対する譲渡があったものとして、適正な対価のやり取りがない場合には、委託者から受益者への贈与や低額譲渡などがあったものとして課税関係が処理されます。具体的には、次のような課税関係が生じます。

1 適正な対価の授受がある場合

委託者は、受益者から適正な対価を得て実質的に信託財産を受益者に譲渡したとみなされ、委託者が個人であれば個人の譲渡、法人であれば法人の譲渡にかかる規定が適用されます（所得税法33条、法人税法22条）。

また、受益者は適正対価を支払ってその信託財産にかかる受益権を取得しており、実質的にその信託財産を通常の対価を払って取得したとみなされますから、通常の資産の取得の場合と同様に課税関係は発生しません。

2 適正な対価の授受がない場合

適正な対価の授受がない場合は、委託者から受益者へ、信託財産の贈与又は低額譲渡等があったものとして課税関係が処理されます。例えば、個人が委託者の信託において、個人が無償で受益者となった場合には、受益者に対して贈与税（遺言により受益者となった場合には相続税）が課税されます。

したがって、甲が委託者である信託において、長男が無償で受益者となった場合には、長男に対して贈与税が課税されることになります。

（岡　隆充）

★★★ 遺産分割対策としての会社分割の利用方法

Q38

　私の主な財産は甲株式会社（甲社）の株式であり、私は甲社の代表取締役として、発行済株式のすべてを保有しています。甲社ではA事業とB事業を営んでおり、私の二人の息子がそれぞれA事業、B事業の責任者として経営に参加しています。私の死亡後、息子二人が揉めないように、甲社をどのように承継させたらよいでしょうか。

　親が支配・経営していた会社の株式を二人の子がそれぞれ相続し、そのままその会社を共同で経営する場合、トラブルが生じるおそれがあります。ご質問のようなケースでは、あなたの将来の相続（会社の承継）に備えて、生前に甲社を二つに分けておく（＝会社分割）ことが有効な対策となります。

―― 解説 ――

1　遺産分割対策の概要

1　現状の問題点

　現状のまま、遺言もなくあなたの相続が開始した場合、甲社株式を兄弟でどう分けるかでトラブルになるおそれがあります。また遺言や遺産分割協議により、兄弟がそれぞれ甲社の株式を例えば半分ずつ相続した場合には、会社の意思決定に支障が出るおそれがあります。また、どちらか一方（たとえば兄）が全ての株式を相続すれば、遺留分の問題が生じるでしょうし、会社の意思決定の全てを兄1人で決定できますので、兄弟間に何らかの対立が生じた場合、弟は会社を追われるリスクを抱えることになります。

2 対策の概要

前述1の問題点を踏まえれば、あなたが生前に甲社をA事業、B事業と事業別に二つに分割しておくことが有効な対策といえます。具体的には、甲社はA事業を営む会社として存続させる一方で、B事業を営む会社として乙社を会社分割（後述）により設立（会社法762条以下。これを「新設分割」といいます。）します。生前にそのような対策を実行することにより、あなたの相続開始時には相続財産が甲社株式と新たに設立した乙社の株式になります。この甲社株式と乙社株式を兄弟がそれぞれ相続することで、遺産分割とその後の会社経営にかかるトラブルを未然に防ぐことが可能です。また、税務上は、あなたが生前に上記の会社分割を行い、分割後の甲社株式と乙社株式を相続開始時まですべて保有する予定であり、他に甲社からは何も給付を受けなければ、その他の要件を満たすときには適格分割となるため、課税の問題も生じません（後述3参照）。

図表　相続前の会社分割

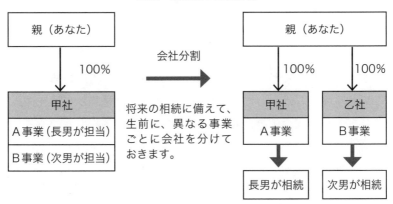

【注意点】会社を分割することにより、分割前に比べ株式の相続税評価額が増えるおそれがあります。

なお、あなたの相続開始後に、甲社をA事業、B事業と事業別に分割することはもちろん可能ですが、すでに兄弟間でトラブルが顕在化

している場合に分割を行うことは、手続面も含めてかなり煩雑になります。したがって、上記の会社分割による遺産分割対策は、あなたが甲社のオーナー経営者であるうちに実行すべきでしょう。

3 会社分割を実行した場合の税務上の取扱い

会社分割とは、株式会社または合同会社がその事業に関して有する権利義務の全部又は一部を分割により他の会社に承継させることをいいます（会社法2条29号、30号）。なお、この場合の他の会社は既存の会社のときと新設会社のときがありますが、ご質問では新たに会社を設立する「新設分割」を想定しています。新設分割にかかる税務上の取扱いをまとめると、次のとおりになります。

⑴ この分割をした場合の株主である、あなたの課税（所得税）

この分割により新設される乙社が、あなたに対して乙社株式以外の資産を交付しなければ、「適格分割型分割」に該当します。適格分割型分割に該当する場合のあなたの課税関係は、次のとおりです。

① 甲社株式に関してみなし配当は生じません（所得税法25条第1項2号）。

② あなたの側から見ると会社分割の前後で甲社株式の価値の一部が乙社株式に変わった（移転した）だけという実態にあると考えられます。したがって、この分割により甲社株式から乙社株式へ移転した株式の価値に対して甲社株式の取得価額の一部を乙社株式の取得価額に付替える計算を行うだけで、譲渡所得は生じません（所得税法施行令113条・租税特別措置法37条の10第3項2号かっこ書）。

⑵ 甲社と乙社の課税（法人税）

この分割は適格分割型分割に該当するため、甲社と乙社の課税関係は次のとおりです。

適格分割型分割を行った場合には、甲社のB事業にかかる資産およ

び負債を適格分割直前の簿価で乙社に引き継ぎます（法人税法62条の2）。したがって、甲社においてB事業の分割に伴う資産負債の譲渡損益は認識せず、甲社と乙社に課税関係は生じません。

本問における一般的な税務上の取扱いは以上となりますが、会社分割に関する税務の詳細や個別事例に関しましては、税理士に御相談下さい。

② 会社分割の実行による相続税への影響

①で説明したとおり、あなたの相続にかかる遺産分割対策としては生前の会社分割が有効です。ただし、会社分割を実行することにより、あなたにかかる相続税の計算上、会社分割前の甲社株式の相続税評価額に比べ、分割後の甲社株式および乙社株式の相続税評価額の合計額が大きくなるケースがあることに注意する必要があります。

そのケースの1つは、会社分割後3年以内にオーナー経営者に相続が発生した場合、あるいは、分割後3年以内に株式を贈与した場合です。乙社株式を純資産価額方式（第3章Q25参照）で評価する場合、会社分割により乙社が甲社から取得した土地や家屋の相続税法上の評価方法は、路線価や固定資産税評価額をベースにして評価することが原則です（財産評価基本通達11、89）。しかし、乙社がその土地や家屋の取得（＝会社分割）後3年以内にあなたの相続が発生した場合、乙社株式の純資産価額を評価する際には、通常の取引価格で評価されることになります（同185）。路線価や固定資産税評価額をベースとした評価に比べて、通常の取引価格をベースとした評価の方が、相続税評価額は通常高くなります。また、この場合の乙社株式は、開業後3年未満の会社の株式となるので、純資産価額方式のみによる評価となり、一般的に相続税評価額の低くなる類似業種比準価額（第3章Q24参照）による評価はできません（同189-4）。

2つ目のケースは、会社分割することによって、株価算定上の会社

135

規模が大会社から中会社又は小会社に変更になる場合です。そのような場合、類似業種比準方式のみで株式評価ができなくなり、一般的に相続税評価額の高い純資産価額も株価に反映されるため、甲社および乙社の株価の合計額は分割前の甲社の株価の評価額に比べて増加する傾向にあります。(同178、179)

　以上により、会社分割前の甲社株式の相続税評価額に比べて、分割後の甲社株式および乙社株式の相続税評価額の合計額が大きくなるおそれがあります。相続はいつ発生するか分かりませんので、あなたが会社分割を検討している場合は早めに実行されることをお勧めしますが、前述のような相続税負担の増加が生じることもありうるため、事前の十分な検討が必要です。

(岡　隆充)

第4章　親族内承継の事業承継対策①～経営権確保対策と遺産分割対策～

★★★
持株会社を利用した事業承継対策の効果と問題点

Q39

　甲は非上場会社（A社）の代表取締役として、その発行済株式をすべて保有しています。3年前に妻を亡くした甲には、子が三人（長男、次男、三男）いますが、A社の後継者は長男に決めており、長男への事業承継のため、次のような手法（以下「持株会社スキーム」といいます。）を検討しています。

1　長男が発行済株式のすべてを保有する会社（B社）を設立し、B社を持株会社として甲が所有するA社株式を時価でB社に譲渡する。
2　B社は、A社株式の買取資金を銀行借入金により調達する。
3　B社は、A社から受け取る配当金を原資に、2の銀行借入金を返済する。

　この持株会社スキームを実行した場合の効果と問題点について教えてください。

　甲がA社株式をB社に時価で譲渡することにより、A社株式から分割が容易な現金に代わりますので、持株会社スキームは、甲の相続における遺産分割対策・納税資金対策として効果的です。一方で、甲がA社株式をB社に時価で譲渡することで、譲渡にかかる所得税等を控除した譲渡代金が相続財産に代わるだけのため、基本的に持株会社スキームは節税対策としての効果はありません。

解説
1　持株会社スキームの効果
1　オーナー経営者の相続における遺産分割の問題点
　甲が、A社株式の全てを後継者の長男に相続（遺産分割協議）や遺

贈により承継させようとする場合、他の相続人（次男と三男）の了承が得られるかどうかがポイントになります。甲の相続の際に、A社株式以外の相続財産が相当あり、それらを次男と三男が相続できるのであれば了承が得られる可能性は高まりますが、そうでない場合は、相続が揉めることになるでしょう。相続人である次男と三男が相続の権利を主張して、遺産分割調停の訴えを起こされた場合には、次男と三男もA社株式を相続する可能性があります。仮に次男と三男で議決権の過半数を有するような事態になった場合には、後継者である長男の安定した経営に支障がでるだけでなく、長男が代表取締役等の地位に就くことができない可能性もあります。

2　持株会社スキームによる遺産分割対策・納税資金対策

　持株会社スキームは、オーナー経営者である甲が所有しているA社株式を後継者の長男に移したいが、A社株式の評価額が高額であるため、長男がA社株式を買取る場合の資金が不足していたり、贈与や相続の際の納税資金が不足している場合に用いられる手法の一つであり、相続人間の円滑な遺産分割の対策として効果的です。

　甲が、後継者である長男が100％出資の持株会社（B社）に、保有するA社株式を全て時価で譲渡した場合、長男はB社を通じてA社株式の全てを保有することになり、経営権を確保することができます。一方、甲は、保有財産がA社株式からその譲渡代金（現金）になり、この現金を次男や三男の相続財産として残すことができますので、遺産分割対策になります。また、A社株式が現金となることにより、結果として納税資金対策としても効果を発揮します。

第4章　親族内承継の事業承継対策①〜経営権確保対策と遺産分割対策〜

図表1　持株会社スキーム①（A社株式の取得方法）

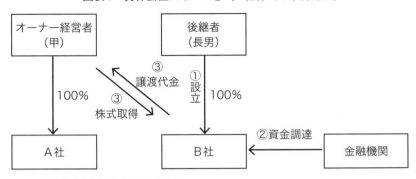

① 後継者（長男）がB社設立
② 金融機関からA社株式取得代金を調達
③ オーナー経営者（甲）からA社株式を取得

図表2　持株会社スキーム②（借入金の返済方法）

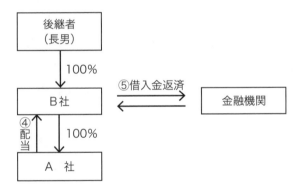

2　持株会社スキームの問題点

1　相続した場合との負担額の比較

　A社株式の相続税評価額が通常の時価と同じ100と仮定し、A社株式を後継者の長男が単純に相続で取得した場合と、持株会社スキームを実行した場合とで、税金の負担額を比較してみます。

　長男が相続によりA社株式を取得した場合、相続税額は最大（最高税率55％が適用されるとき）55となります。一方、持株会社スキームでB社がA社株式を取得した場合には、取得価額100と借入金の利

息分が必要となります。後継者のいわば身代わりであるB社を後継者とみて単純比較すると、相続で取得した方が後継者の負担は半分程度となります。さらに、甲のA社株式の時価に相当する譲渡対価100から譲渡にかかる所得税20を控除した80は、現金として甲の財産となり、甲の相続が開始した際には相続税の課税対象になります。以上のとおり、基本的に持株会社スキームは節税対策の効果はありません。

2 返済方法

次に持株会社スキームの問題点として、B社の借入金の返済方法が挙げられます。

甲の考えのとおり、A社からの配当金を原資に借入金を返済していく場合、配当は分配可能額（第5章Q50 **3** 参照）の範囲内でしか行うことができませんので、A社の業績、財務内容によっては配当できないケースも出てくる可能性があります。そのような事態に備える方法としては、A社所有の不動産をB社が取得・管理し、B社がA社からの家賃収入を原資に返済を行うことが考えられます。この場合のB社が不動産を取得する方法としては、売買の他に、金銭の支払が生じない会社分割（吸収分割）によることも考えられます。

3 A社株式の一部譲渡

A社株式の評価額が高額の場合、その購入代金にかかる借入金の負担に関する問題から、持株会社であるB社にA社株式の一部を譲渡し、残りのA社株式については甲が引き続き保有し続けるケースも考えられます。一部譲渡により借入金に関する負担は軽減されますが、借入金を返済するためA社が配当を行った場合には、持株会社だけではなく、残りのA社株式を引き続き有している甲にも配当することになります。甲が多額の配当を受け取った際には、その配当金は総合課税となり所得税の負担が大きくなるだけでなく、手許に残った現金は相続

財産となります。

　また、甲が保有するＡ社株式については、遺産分割の問題が未解決となり、Ａ社の事業承継と甲の相続開始後の遺産分割の双方に課題が残ります。

③ まとめ

　持株会社スキームは遺産分割対策・納税資金対策としての効果はありますが、その一方で、節税対策としての効果はありません。この特徴を十分に理解した上で、持株会社スキームを用いた事業承継に関する判断をされてはいかがでしょうか。

（岡　隆充）

★★★ 個人から法人に非上場株式を譲渡した場合の税務上の譲渡価額

Q40

株式会社Ａ（Ａ社）のオーナー経営者の甲は、後継者である長男の乙が設立した株式会社Ｂ（Ｂ社）にＡ社株式を売却しようと考えています。この場合のＡ社株式の税務上の譲渡価額について教えてください。なお、甲はＡ社の発行済株式のすべてを保有しています。

Ａ社株式のような非上場株式は市場性がなく、時価の把握が困難です。このため、個人甲が長男の設立したＢ社に対してＡ社株式を売買する場合のように、基本的に利害の対立が少ない関係者間の取引においては、一般に国税庁通達に定められた方法による評価額を時価として譲渡価額が決定されます。

解説

① 非上場株式の譲渡価額の考え方

個人から法人に対して時価の２分の１未満の譲渡価額により非上場株式を譲渡した場合には、売主である個人に対して株式の時価を基に所得税が課税されます（所得税法59条第１項２号、所得税法施行令169条）。また、買主である法人においては、譲渡価額が時価の２分の１未満かどうかにかかわらず、非上場株式の時価が譲渡価額を超える場合には、その超える額が受贈益とされ、法人税の計算上、益金に算入されます（法人税法22条第２項）。このため、非上場株式の譲渡価額を考える場合には、その株式の時価の把握が必要となります。

ご質問のように、個人（甲）とその長男が設立した法人（Ｂ社）間の非上場株式（Ａ社株式）の譲渡においては、上記のような税務上の問題を避けるため、国税庁通達に定められた方法に基づく評価額を時価として取扱うことが一般的です。この場合の非上場株式の税務上の時価

第4章　親族内承継の事業承継対策①〜経営権確保対策と遺産分割対策〜

の算定の考え方と方法をまとめると、次の②と③のとおりとなります。

②　売主である個人における非上場株式の税務上の時価

個人が法人に非上場株式を譲渡したときの株式の税務上の時価について、国税庁通達は次のとおりに定めています（所得税基本通達59-6、23〜35共-9⑷）。

1　原　則

次の区分に応じて定められた価額が時価とされます。

(1)　その非上場株式について売買実例がある場合

　…最近において売買の行われたもののうち適正と認められる価額。

(2)　公開途上にある株式で、上場に際して株式の公募等が行われるもの（(1)に該当するものを除く。）

　…入札後の公募等の価格等を参酌して通常取引されると認められる価額。

(3)　売買実例のないもので、その株式の発行法人と事業の種類、規模、収益の状況等が類似する他の法人の株式の価額がある場合

　…その類似する他の法人の株式の価額に比準して推定した価額。

(4)　(1)〜(3)に該当しない場合

　…その株式の譲渡日又は同日に最も近い日における、発行法人の1株当たりの純資産価額等を参酌して通常取引されると認められる価額。

2　簡便法（財産評価基本通達の準用が認められる場合）

前述1の非上場株式の税務上の時価は、売買実例があるなど特殊な場合を除き、通常は(4)の「1株当たりの純資産価額等を参酌して通常取引されると認められる価額」となります。この「1株当たりの純資産価額等を参酌して通常取引されると認められる価額」については、原則

143

として、次によることを条件に、財産評価基本通達の「取引相場のない株式等の評価」の規定（第3章Q23参照）を準用して計算します。

(1) 「同族株主」（財産評価基本通達188⑴・第3章Q27参照）に該当するかどうかは、株式を譲渡した個人の譲渡直前の保有株式数により判定します。なお、⑵の「中心的な同族株主」に該当するかどうかの判定も同様です。

(2) 株式評価において、株式を譲渡した個人が株式の発行会社にとって「中心的な同族株主」（同188⑵・第3章Q27参照）に該当するときは、その発行会社は常に「小会社」（同178・第3章Q23参照）として計算します。

(3) 1株当たりの純資産価額の計算に当たり、株式の発行会社が土地等または上場有価証券を有しているときは、これらの資産については譲渡時の価額（時価）により評価します。

(4) 1株当たりの純資産価額の計算に当たり、評価差額に対する法人税額等相当額（第3章Q25参照）は控除しません。

③ 買主である法人における非上場株式の税務上の時価

法人が非上場株式を取得した場合の株式の税務上の時価の意義について、直接的に定めた法令の規定はありません。そこで実務上は、非上場株式の低廉譲渡等にかかる対価の額を認識する場合の基準を定めた法人税基本通達2-3-4と、同通達が準用する同4-1-5または4-1-6により評価します。

具体的には、次の区分に応じ、それぞれに定める方法により非上場株式の税務上の時価を算定します。

1 原則（法人税基本通達4-1-5）

(1) 売買実例がある場合

…その株式の譲渡日前6ヶ月間において売買の行われたもののう

ち、適正と認められる価額。

(2)　公開途上にある株式で、上場に際して株式の公募等が行われるもの（(1)に該当するものを除く。）

…入札後の公募等の価格等を参酌して通常取引されると認められる価額。

(3)　売買実例のないもので、その株式を発行する法人と事業の種類、規模、収益の状況等が類似する他の法人の株式の価額があるもの（(2)に該当するものを除く。）

…その価額に比準して推定した価額。

(4)　(1)～(3)に該当しない場合

…その株式の譲渡日又は同日に最も近い日における、その株式の発行法人の事業年度終了の時における1株当たりの純資産価額等を参酌して通常取引されると認められる価額が、税務上の時価とされます。

2　簡便法（財産評価基本通達の準用が認められる場合・法人税基本通達4－1－6）

前述1の非上場株式の税務上の時価は、売買実例があるなど特殊な場合を除き、通常は(4)の「1株当たりの純資産価額等を参酌して通常取引されると認められる価額」となります。この(4)（または(3)）に該当する非上場株式の時価については、次の方法によることを条件に、財産評価基本通達の取引相場のない株式の評価の規定により算定することが認められます。ただし、この取扱いは課税上弊害がない場合に限られます。

(1)　その法人が株式の発行会社にとって「中心的な同族株主」に該当するときは、その発行会社は常に「小会社」として計算します。

(2)　1株当たりの純資産価額の計算に当たり、株式の発行会社が土地等または上場有価証券を有しているときは、これらの資産について

は譲渡時の価額（時価）により評価します。

(3) 1株当たりの純資産価額の計算に当たり、評価差額に対する法人税額等相当額は控除しません。

④ 財産評価基本通達を準用する場合の注意点

②2や③2は、実務上のいわば"簡便法"による非上場株式の時価の計算法です。

この適用にあたっては、財産評価基本通達を準用することによる課税上の弊害が無いことが条件となります（②2でいうところの「原則として」は、具体的には「課税上弊害がないこと」と同じ意味であると考えられます）。弊害があると認められる場合には、原則的な評価方法である②1(4)や③1(4)の"時価純資産価額"により、非上場株式の時価を計算することになります。

この場合の「課税上弊害があるかどうか」は、個々具体的に判断されますので、財産評価基本通達を準用することによる譲渡価額の計算に当たっては、十分な検討が必要です。

(川嶋　克彦)

第4章 親族内承継の事業承継対策①〜経営権確保対策と遺産分割対策〜

★★★ 個人から法人に時価よりも低い譲渡価額により非上場株式を譲渡した場合の課税関係

Q41

個人が、時価よりも低い価額により法人に非上場株式を譲渡した場合における、①売主である個人、②買主である法人および③その法人の個人株主のそれぞれに対する課税について教えてください。

1 個人株主が株式を法人に譲渡した場合において、その譲渡価額が時価の2分の1未満の価額であるときは、株式の時価を総収入金額として譲渡所得の金額を計算します。時価の2分の1以上の譲渡価額により非上場株式を譲渡した場合であっても、同族会社に対するもので、その行為又は計算を容認した場合には、その同族会社の株主又はこれと特殊な関係のある者の所得税の負担を不当に減少させる結果となると認められる場合には、所得税法157条の適用を受け、非上場株式の時価に相当する金額を総収入金額として譲渡所得を計算されることもありえます。

2 法人が時価よりも低い譲渡価額で非上場株式を取得した場合は、その取得対価が時価の2分の1未満かどうかにかかわらず、時価と取得対価の差額が受贈益とされ、その法人の法人税の計算上、益金の額に算入されます。

3 個人が同族会社である法人に時価よりも低額で非上場株式を譲渡した場合は、上記の他、売主からその同族会社の個人株主への贈与があったものみなされて、課税されるおそれがあります。

―― 解説 ――

① 非上場株式を譲渡した個人の課税関係

所得税の計算においては、譲渡対価を総収入金額として譲渡所得の

金額を計算するのが原則です（所得税法36条第1項）。

　ただし、個人が法人に対し時価の2分の1未満の譲渡価額により非上場株式を譲渡した場合には、所得税の計算上、時価により譲渡があったものとみなして、譲渡所得の課税が行われます（所得税法59条第1項1号、2号、所得税法施行令169条）。つまり、実際の譲渡価額だけではなく、時価との差額が譲渡所得の総収入金額に追加されることになります。

　また、時価の2分の1以上の譲渡価額により非上場株式を譲渡した場合であっても、その譲渡が法人税法2条10号に規定する同族会社（以下「同族会社」）に対するものであり、その行為又は計算を容認した場合にはその同族会社の株主又はこれと特殊な関係のある者の所得税の負担を不当に減少させる結果となると認められるときには、時価の2分の1以上の譲渡価額により非上場株式を譲渡した場合であっても、所得税法157条（同族会社等の行為又は計算の否認等）により、税務署長は、その行為又は計算にかかわらず、非上場株式の時価に相当する金額を総収入金額として譲渡所得を計算することができます（所得税基本通達59-3）。

② 非上場株式を取得した法人の課税関係

　法人が非上場株式を時価よりも低い価額で取得をした場合は、その価額が時価の2分の1未満または以上にかかわらず、その取得時におけるその株式の取得のために通常要する価額（時価）が取得価額とされ、その差額は受贈益とされます（法人税法22条第2項、法人税法施行令119条第1項27号）。

③ 非上場株式を取得した法人が同族会社である場合における、その法人の個人株主に対する贈与税課税

　個人が同族会社に対し時価よりも著しく低い譲渡価額で非上場株式

第4章 親族内承継の事業承継対策①～経営権確保対策と遺産分割対策～

を含む一般の資産の譲渡をしたことにより、その同族会社の株式の価額が増加した場合（通常は増加すると思われます。）、その同族会社の個人株主は、その所有する株式のうち増加した部分に相当する金額を、非上場株式のその著しく低い譲渡価額で譲渡をした個人から贈与により取得したものとして取扱われ、贈与税が課税されます（相続税法9条、相続税法基本通達9-2(1)(4)。）。

④　個人から法人に非上場株式を贈与した場合の課税関係

　個人から法人に非上場株式が贈与により移転された場合、譲渡（取得）価額がゼロの譲渡ということで、前述①～③の説明と同様の考え方で課税されます。

（山崎　信義）

149

第5章

親族内承継の事業承継対策②
～相続税・贈与税の軽減対策と納税資金対策～

★★★ 相続税の軽減のための非上場株式の株価引下げ対策の概要

Q42

相続税の軽減のための非上場株式の株価の引下げ対策には、様々な方法があると聞いています。株価の引下げ対策の概要を教えてください。

非上場会社の株価の引下げ対策には大きく分けて3つのパターンがあります。それは、①会社規模の変更②類似業種比準価額の引下げ③純資産価額の引下げです。

解説

1 非上場株式にかかる相続税の軽減対策の概要

非上場株式が相続税の課税対象になる場合、その課税価格（評価額）は、[財産評価基本通達によって計算される非上場株式の1株当たりの評価額（株価）×相続人に取得される株数]で算定されます。したがって、(1)株価を引下げる、あるいは(2)相続により相続人に取得される株数を減らすためオーナー経営者が保有する株数を減らすことが、オーナー経営者にかかる相続税の軽減につながります。相続税の軽減のために行う、非上場株式の評価額の引下げ対策の概略のイメージを示すと、図表1のとおりです。

2 非上場株式の株価の引下げ対策のパターン

1 非上場株式の株価の原則的評価方法

非上場株式の株価の原則的評価方法は次の図表2に掲げるとおりであり（詳細は第3章Q23参照）、会社規模別の原則的評価方法が定められています。評価方法がこのようになっていることを前提に、株価引下げの対策を考えていくことになります。

第5章 親族内承継の事業承継対策②〜相続税・贈与税の軽減対策と納税資金対策〜

図表1　相続税の軽減のための非上場株式の評価額の引下げ対策の概要

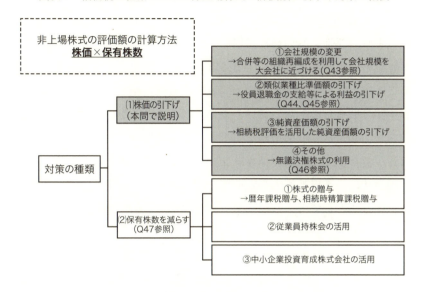

図表2　非上場株式の株価の原則的評価方法

会社規模	評価方法（原則的評価方式）	
大会社	・類似業種比準価額または純資産価額	いずれの会社規模の場合でも、どちらか低い価額を選択
中会社	・類似業種比準価額×Lの割合＋純資産価額×（1−Lの割合） 　または純資産価額 ＊Lの割合：0.6・0.75・0.9	
小会社	純資産価額または類似業種比準価額×0.5＋純資産価額×0.5	

2　引下げ対策の方向性その1……会社規模の変更

図表2のとおり、非上場株式の株価はその株式を発行する会社（以下、本章において「評価会社」といいます。）の規模に応じた評価方法により算定されます。

一般的に、多くの会社では類似業種比準価額と純資産価額を計算すると、前者は後者に比べて評価額が低くなる傾向があります。また、図表2のとおり、会社規模が大きくなるほど、類似業種比準価額の適

153

用割合が大きくなります。類似業種比準価額の適用割合は、小会社で50％、中会社で60％・75％・90％、大会社で100％となっています。

　つまり、評価会社の会社規模を大会社に近づけることで類似業種比準価額の適用割合を大きくすることができ、結果として株価を引下げることができます。会社規模の判定要素は総資産価額、従業員数および年間の取引金額となっているため、総資産価額を引上げる、従業員数を増加させる、取引金額を引上げることにより会社規模を引上げることができます。また、グループ企業間で合併等の組織再編成を行い評価会社の従業員数等の判定要素を増加させること等も、会社規模の引上げ方法として考えられます（詳細は本章Q43参照）。

3　引下げ対策の方向その2……類似業種比準価額の引下げ

　類似業種比準価額を計算するために着目する、評価会社の財務に関わる要素は、評価会社の1株当たりの配当金額、利益金額（法人税の課税所得金額）および純資産価額の3つです。

　それらの要素の金額が下がれば、その分、類似業種比準価額が下がります。

　図表3で示した計算式は類似業種比準価額を計算する算式で、類似の業種を営む上場会社の株式の市場価格（A）を基に、その上場会社の3つの要素と評価会社の3つの要素をそれぞれ比較（比準）して求めた各要素の割合の3つの平均値（図表3の〔　〕の部分）を倍率として使って評価額を計算する仕組みになっています。

　具体的には、各要素別に、配当金額を下げるまたは無配当にする、役員退職金の支払等により利益金額を下げる（本章Q44参照）、不良資産の処理等により純資産価額を下げる（同Q45参照）方法が考えられます。

第5章　親族内承継の事業承継対策②〜相続税・贈与税の軽減対策と納税資金対策〜

図表3　類似業種比準価額の計算式

〈算式〉

$$A \times \frac{\dfrac{Ⓑ}{B} + \dfrac{Ⓒ}{C} + \dfrac{Ⓓ}{D}}{3} \times 斟酌率^{(注)}$$

（注）斟酌率：大会社は0.7、中会社は0.6、小会社は0.5

　この算式におけるA、B、C、D、Ⓑ、ⒸおよびⒹはそれぞれ次によ
ります（詳細は第3章Q24参照）。

	類似業種の		評価会社の
A	株価		
B	課税時期の属する年の1株当たりの配当金額	Ⓑ	1株当たりの配当金額（直前期末以前2年間平均）
C	課税時期の属する年の1株当たりの年利益金額	Ⓒ	直前期末以前1年間における1株当たりの利益金額
D	課税時期の属する年の1株当たりの純資産価額（帳簿価額）	Ⓓ	直前期末における1株当たりの純資産価額（帳簿価額）

4　引下げ対策の方向その3……純資産価額の引下げ

　純資産価額で計算する株価は、1株当たりの純資産価額（相続税評
価額によって計算した金額）となります（詳細は第3章Q25参照）。
純資産価額は資産から負債を引いて算定されるため、負債の金額が固
定的であるなら、資産の相続税評価額を下げることにより純資産価額
を引下げることができます。

　資産の相続税評価額を引下げる方法の一例としては、評価会社が未
利用の土地を持つ場合の、その有効利用が挙げられます。

　たとえば、その土地上に余剰資金または借入で貸ビル等を建築する

155

ことで、未利用の土地の評価が自用地評価から貸家建付地評価となり、土地の評価額を大きく下げることが可能です。さらに、余剰資金または借入で貸ビル等を建築することで、評価対象の資産が現金預金から建物に変わり、評価額が下がります。

　ただし、その会社が3年以内に取得した不動産については、その資産の評価額の計算において時価（通常は取得価額）を用いて算定することとなりますので注意する必要があります。

③　非上場株式の株価の引下げ対策の留意点

　②のパターンに掲げた各株価引下げ対策を行うとしても、それが、相続税等を不当に減少させるためだけの不合理・不自然な行為であれば税務調査で問題とされ、否認され得ることを定める法令がありますので、十分に注意する必要があります（下記相続税法64条第1項を参照）。この抜粋の文言にある「不当」とは、裁判例では「同族会社の行為又は計算が、純経済的（節税効果を除き）不合理・不自然であること」とされています。

【同族会社等の行為又は計算の否認等～相続税法64条第1項（傍点筆者）】

　　同族会社等の行為又は計算で、これを容認した場合においてはその株主若しくは社員又はその親族その他これらの者と政令で定める特別の関係がある者の相続税又は贈与税の負担を不当に減少させる結果となると認められるものがあるときは、税務署長は、相続税又は贈与税についての更正又は決定に際し、その行為又は計算にかかわらず、その認めるところにより、課税価格を計算することができる。

（髙橋　大貴）

第5章 親族内承継の事業承継対策②〜相続税・贈与税の軽減対策と納税資金対策〜

★★★
非上場株式の株価引下げ対策（組織再編成の利用）

Q43

組織再編成を利用した非上場株式の株価の引下げ対策について教えてください。

組織再編成のうち株式交換や合併を利用して類似業種比準価額の適用割合（Q42②2参照）を大きくすることや、純資産価額を圧縮することなどが一般的な対策として挙げられます。

解説

1 株式交換を利用した対策

一般的に、非上場株式の評価においては、同じ株式について類似業種比準方式に拠った評価額と純資産価額方式に拠ったそれを比べると、前者の方がかなり低くなることが多いといわれます。そこで、次の事例のようなときに、株式交換を行って、類似業種比準方式が適用できる大会社の株式のみが相続財産となるようにすることで、株式交換前よりも、保有する非上場株式にかかる相続財産の評価額を引下げることができます。

〈事例〉

オーナー経営者甲は、D社（大会社）とT社（中会社）の株式を100％保有しています。類似業種比準価額が100％使えるD社株式の評価額に比べ、一部純資産価額を使わなくてはならないT社の株式の評価額の方が割高になっています。D社をT社の親会社とする株式交換を行うと、次頁の図表1のとおり株式交換後、類似業種比準価額が100％適用されるD社株式だけが甲の相続財産となります。

157

図表1　株式交換による株価引下げ対策

```
        対策前（現状）                      株式交換後

     オーナー経営者（甲）                オーナー経営者（甲）

      100%      100%    ➡              D社（大会社）

   D社（大会社）  T社（中会社）            T社（中会社）

   ＊D社に比べてT社の株価が高い。
```

〈注意点〉

① 　D社が、株式交換によってT社株式を取得した結果、株式保有特定会社に該当することとなる場合には、株式の相続税評価上、類似業種比準価額が使えず、純資産価額を用いた評価方法となるため、株式交換後の株価の方が対策前よりも高くなってしまう可能性がありますので、事前の検討が大切です。

② 　株式交換に相続税等の節税以外の合理性（経済合理性）がない場合には、相続税法64条第1項（本章Q42 3 参照）等に基づき、税務署長によってその株式交換がなかったものとされて、D社とT社の株式を甲が保有するものとされて評価されるおそれがあります。

2 　合併を利用した対策

1 　会社規模の変更

　合併、すなわち2つの会社を1つにすることで、1つになった合併会社の会社規模を大会社にする、または中会社でもその大きさを高めることで、株価算定における類似業種比準価額の適用割合を高くすることができます。一般に、類似業種比準価額が純資産価額よりも低いので、合併後の合併会社1社の株式の評価額の方が合併前の2社の評価額の合計額に比べ低くなることを実現することが期待できます。

第5章 親族内承継の事業承継対策②～相続税・贈与税の軽減対策と納税資金対策～

〈事例〉

　オーナー経営者乙は、相続税評価（第3章Q23参照）上、中会社（中）に該当する法人H社（相続税評価額1億円）と中会社（小）に該当する法人T社（相続税評価額5,000万円）の株式を100％保有しています。

　組織形態の見直しにより、H社を合併法人とする吸収合併を行いました。合併後、H社が存続法人となり、会社規模が大会社に該当することとなりました。結果として相続税の評価額は類似業種比準価額の適用割合が100％になり、評価額は1億2,000万円になりました。

図表2　合併による株価引下げ対策

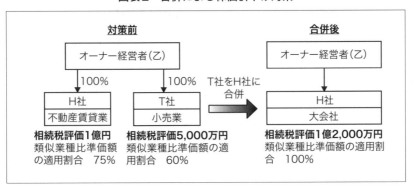

〈注意点〉

① 　合併直後に課税時期がある場合は、合併後存続する評価会社の業種・財務内容等の会社実態が、合併前と比べて大きく変化する可能性があり、個々の事例ごとに、類似業種比準価額の算定における比準3要素（配当、利益、純資産）について、合併前の2社のそれらの金額を合算したものを、そのまま合併後の合併会社の3要素として使って同社の株式につき合理的な類似業種比準価額が得られるかについての判断が必要です。合併前の2社がそれぞれ別の業種となる事業を営んでいるような場合は、合併前の2社のそれぞれのデータを合算して得られる比準3要素を使った類似

業種比準価額の計算には合理性がないと考えられます。その場合は、合併法人はたとえ大会社であっても純資産価額方式により評価することとなりますので注意が必要です。

② 合併に相続税等の節税以外の合理性（経済合理性）がない場合には、相続税法64条第1項（本章Q42 ③参照）等に基づき、税務署長によって当該合併がなかったものとされて、H社とT社の株式をオーナーが有するものとされて評価されるおそれがあります。

2 類似業種比準価額の引下げ

赤字会社と黒字会社の合併により、評価会社の利益を圧縮することができ、類似業種比準価額自体を下げることが可能です。

（髙橋　大貴）

第5章 親族内承継の事業承継対策②〜相続税・贈与税の軽減対策と納税資金対策〜

★★★
非上場株式の株価引下げ対策（役員退職金の支給）

役員退職金の支給による非上場株式の株価の引下げ対策について教えてください。

非上場会社の株価の引下げ対策のうち、役員退職金の支給による株価の引下げは、株価引下げ効果に加え、法人税および所得税の側面からも効果的です。

解説

1 役員退職金を活用した株価の引下げ対策

非上場株式の原則的評価方式には、①類似業種比準方式、②純資産価額方式、③（①と②の両方式を併用する）併用方式があります（第3章Q23参照）。

そのうち、類似業種比準方式とは、【評価会社の営む事業と類似する業種の上場企業の課税時期の株価】×【その上場企業の1株当たりの配当金額、年利益金額および簿価純資産価額（国税庁公表）に、評価対象会社の1株当たりの配当金額、年利益金額および簿価純資産価額を比準させて求めた倍率】×0.7（中会社で評価する場合は0.6、小会社で評価する場合は0.5）で非上場株式を評価する方法です（第3章Q24参照）。

倍率の計算要素である配当、利益、純資産の3要素のうち、利益については、たとえば代表者が退任する際に、役員退職金を支給し、費用計上することにより利益の額が減少するので、その分株価は下がることになります（本章Q42②3参照）。また、役員退職金（現金）の支給により、それが将来の相続税の納税資金の備えにもなりますから、その点でも有効な対策となります。なお、実務上将来の役員退職金の支給原資として役員保険を活用することが一般的に多くみられます。

161

② 役員退職金の算定方法

　法人が役員に支給する退職金で適正な額は、法人税の所得の金額の計算上損金の額に算入されます（役員退職金のうち不相当に高額な部分の役員退職金は損金の額に算入されません。後述④1参照）。課税当局が個々の役員退職金の適正額を算定する方法として採用し、裁判上でも妥当とされる方法は平均功績倍率法と呼ばれる算定方法で、具体的には次の算式です。

〈平均功績倍率法による算定方法（適正額の算定方法）〉

役員退職金＝その役員の最終月額報酬×その役員の勤続年数×平均功績倍率

　平均功績倍率法は、課税当局が次の①～③の手順により算定します。

①　その法人と同種の事業を営み、かつ、その事業規模が類似する法人で役員退職金の支給事例を有するものを数社選びます。

②　①の支給事例につき、各法人の功績倍率＝｛役員退職金の支給額÷（退職役員の最終月額報酬×勤続年数）｝を求めます。

③　②の複数の功績倍率の平均値が「平均功績倍率」であり、その倍率を上記の算式に当てはめて算定した金額が役員退職金の適正額です。

　支給をする法人は、上記平均功績倍率を算定することは不可能であるため、平均功績倍率を推測して適正な役員退職金の額を推定するほかありません。なお、支給する法人の役員退職金の適正額の判定においては、その法人の財務状態も影響することはいうまでもありません。

　なお、平均功績倍率は、裁判例においては概ね3倍程度になることが多いようですが、3倍という値が公認されているわけではありませんので、平均功績倍率の推測には注意が必要です。

第5章　親族内承継の事業承継対策②〜相続税・贈与税の軽減対策と納税資金対策〜

③　役員退職金と税金

1　役員本人が役員退職金として受取るケース（所得税・住民税等）

　役員退職金は所得税の計算上は、退職所得に分類され所得税、復興特別所得税および住民税が課されます。退職所得の計算は次の算式のとおりで（所得税法30条）、他の種類の所得に比して、所得税の計算上大きく3つのメリットがあり、株価対策に加え、所得税の側面からも有効です。

〈算式〉

（役員退職金−退職所得控除額）×1/2（役員等の勤続年数が5年以下である人が支払いを受ける退職金については×1/2しない）×税率

○**退職所得控除額の計算**

勤続年数	退職所得控除額
20年以下	40万円×勤続年数＝（80万円に満たない場合には80万円）
20年超	800万円＋70万円×（勤続年数−20年）

＊勤続年数の1年未満の端数は年単位に切上げとなります。

○**3つのメリット**

メリット項目	詳　　細
退職所得控除	勤続年数に応じた退職所得控除（退職所得から控除することができる経費のようなもの）があります。
1/2課税	役員退職金から退職所得控除額を控除した金額の1/2に対して税金が課税されます。
申告分離課税	退職所得は他の所得と合算されない分離課税のため税負担が低く抑えられます。

2　役員の遺族が死亡退職金として受取るケース（相続税）

　役員が死亡退職をしてその役員の相続人に死亡退職金が支給される場合は、その死亡退職金は相続税の課税対象になりますが、その全額が相続税の対象となるわけではありません。全ての相続人（相続を放棄した人や相続権を失った人は除きます。）が取得した死亡退職金の合計額が、非課税限度額（500万円×法定相続人の数＝非課税限度額）

163

以下の場合には課税されません。非課税限度額を超えた場合には、その超えた部分が相続税の課税対象に含まれることとなります（相続税法12条第1項6号）。

　なお、相続人以外の人が取得した死亡退職金には、この非課税限度額制度の適用はありません。したがって、死亡退職金を相続人に非課税限度額以下の範囲内で支給する場合には、株価対策に加えて、相続税の負担を生じさせず納税資金にすることが可能です。

4　留意点

1　不相当に高額な役員退職金

　法人が役員退職金を支給する場合において、課税当局から支給した役員退職金について不相当に高額と認定されたときは、不相当に高額な部分の金額については課税所得の計算上損金の額に算入されないこととなります（法人税法34条第2項、法人税法施行令70条2号）。損金の額に算入されない金額については類似業種比準価額算定上の年利益金額（法人税の課税所得金額）の計算上減算されないため、株価引下げの効果にはつながりません。

　したがって、役員退職金支給の際の金額の算定については、法人税法の側面だけでなく、株価対策の側面からも適正額となるよう、十分な検討が必要です。

2　後継者の有無

　代表者の生前に役員退職金を支給するということは、その代表者は代表者を退任し会社の経営から外れることを意味します。したがって、後継者が確定していないまたは後継者が育っていない等のケースでは、そもそも代表者は退職することができませんから、役員退職金を支給して株価対策を実行することはできません。

（髙橋　大貴）

非上場株式の株価引下げ対策（不良債権の償却）

Q45

不良債権の償却による非上場株式の株価の引下げ対策について教えてください。

非上場会社の株価の引下げ対策のうち、不良債権の償却により、法人税の課税所得金額（類似業種比準方式における評価会社の利益金額）および純資産価額を引下げる効果が得られ、結果として株価を引下げることができます。

解説

1 不良債権の償却による株価引下げ対策の概要

Q42で説明をしたとおり、利益金額（法人税の課税所得金額）および純資産価額を下げることで株価を引下げることが可能です。つまり、法人税法上認められる不良債権の償却（貸倒損失処理）をすることで、法人税の課税所得金額および純資産価額を引下げる効果が得られ、結果として株価を引下げることができます（下記事例参照）。

〈事例：貸付先の会社が清算する場合〉

　L社（非上場会社）の100％子会社M社は経営不振により時価純資産が債務超過状態です。L社にはM社に対する貸付金債権があります。

　この場合において、L社株式の株価引下げ対策として、L社の100％子会社M社を清算し、L社においてM社に対する貸付金の償却（貸倒損失処理）を行います。これにより、L社の利益金額および純資産価額を圧縮することができ、L社株式の株価の引下げを行うことができます。

図表　不良債権の償却による株価引下げ対策

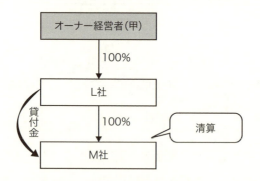

2 不良債権について税務上の貸倒れが認められる場合

1の〈事例〉で示したように貸付先が清算する場合は、貸倒の事実は明快ですが、貸付先が存続している場合は、法人の有する金銭債権について貸倒れが生じ、会計上、貸倒損失として処理しても、法人税法上もその金銭債権が貸倒れと認められて損金性が認められるとは限りません。会計上の貸倒損失処理がそのまま法人税法上の損金の額に算入されるかどうか十分な検討が必要です。

不良債権について税務上の貸倒れが認められる場合は、次のとおりです。

1 法律上の貸倒れ

債権の全部または一部が更生計画認可の決定や再生計画認可の決定があった場合など、法的手続きにより切り捨てられた場合等には、その切り捨てられた金額は、その事実があった日の属する事業年度に貸倒れとして損金の額に算入します（法人税基本通達9-6-1）。

2 事実上の貸倒れ

金銭債権（担保物があるときはその処分後）につき、債務者の資産状況、支払能力等からみてその全額が回収不能となった場合には、税

務上はその回収できないことが明らかとなった日の属する事業年度に貸倒れとして損金の額に算入することができます（法人税基本通達9－6－2）。ただし、回収不能の判断についての具体的な基準が定められていないため、その判断には難しいものがあります。

3　形式上の貸倒れ

　債務者に対する売掛金、受取手形などの売掛債権で、取引停止した時、最後の弁済期または最後の弁済の時のうち最も遅い時から1年以上経過している場合（担保物がある場合を除きます。）、または同一地域の債務者に対する売掛債権の合計額よりも取立費用がそれ以上かかり、支払を督促したにもかかわらず弁済がない場合には、その事実が発生した日の属する事業年度に、売掛債権から備忘価額を控除した残額を貸倒として損金の額に算入することができます（法人税基本通達9－6－3）。

③　不良棚卸資産等の処理

　不良債権ではありませんが、不良棚卸資産の除却ならびに含み損のある有価証券、ゴルフ会員権および不動産の売却により実現した損失は、損金の額に算入されますから、課税所得金額および純資産価額を圧縮することができ、同様の株価引下げの効果が得られます。

（髙橋　大貴）

★★★
非上場株式の株価引下げ対策（無議決権株式の利用）

Q46

無議決権株式の利用により、非上場株式を低い株価で親族に贈与できる手法があると聞きましたが、具体的な内容を教えてください。

POINT　ご質問の手法とは、個人が保有する非上場株式を無議決権株式に転換し、その転換した株式を一定の親族に贈与する方法です。その贈与を受けた無議決権株式は特例的評価方式により評価されるので、受贈者にかかる贈与税がかなり低くなります。

解説

1 無議決権株式を利用した株価の引下げ方法

〈事例〉

株式会社Ｘ（以下Ｘ社）の創業者である甲は、保有するＸ社の普通株式100株を無議決権株式に転換し、孫Ｂに贈与することにしました。甲のＸ社株式の贈与の前後における株式の推移は次の図表のとおりです。

株　　主	甲の贈与前の保有株数	贈与による取得株数	甲の贈与後の保有株数
甲（Ｘ社創業者）	100	▲100	0
長男Ａ（Ｘ社代表取締役）	100		100
孫Ｂ（甲の長女の子）	0	100	100
合　　計	200		200

（注）Ｘ社の発行済株式総数は200株であり、また孫ＢはＸ社の役員ではありません。

第5章　親族内承継の事業承継対策②〜相続税・贈与税の軽減対策と納税資金対策〜

　この事例の孫Bの贈与税の計算における、X社の無議決権株式の相続税法上の評価について、無議決権株式に転換しなかった場合と比較して説明します。

　無議決権株式となった甲の株式100株が孫Bに贈与された後、X社は「同族株主」（財産評価通達188(1)、本事例では長男Aおよび孫B）がいる会社であり、かつ、「中心的な同族株主」（同188(2)。本事例では長男A）がいる会社に該当します。その場合、「中心的な同族株主」でない孫Bは、X社株式は有するものの、その議決権割合は0％であり、さらに、X社の役員でもないことから、孫Bが贈与により取得したX社の無議決権株式100株については、孫Bは同族株主ながらも、特例的評価方式（配当還元価額）により評価されることとなります（財産評価基本通達178、188、188-2・第3章Q27参照）。

　これに対し、甲から孫Bに対して議決権のある普通株式のままX社株式を贈与した場合、Bもまた中心的な同族株主となるのでX社株式は原則的評価方式により評価されます。また、長男Aに子Cがいるとして、Bと同じ孫であってもそのC（甲にとっては孫）に贈与すると、たとえ無議決権株式としていても、Cは長男とともに「中心的な同族株主」の一員なので、原則的評価方式により評価されます。POINTで単に親族ではなく「一定の親族」と言っているのは、このように同族株主がいる会社の場合における、「中心的な同族株主」に該当しない親族ということです。以上により、甲から孫Bに普通株式から無議決権株式に転換した後のX社株式を贈与した場合は、普通株式のまま贈与した場合に比べて、孫Bの贈与税の負担がかなり軽減されるものと考えられます。

② 留意点

　この事例の場合、甲保有の普通株式を無議決権株式に転換することにより、次の2つの税務上の問題が発生する可能性があるため、実行

の際には注意が必要です。

　一つは、贈与前の甲が保有していたＸ社株式の無議決権株式化により、同株式の議決権比率が甲と長男Ａとの間で50対50であったものが、0対100になり、甲は議決権比率の低下（喪失）という損失を負い、その分長男Ａは同比率の上昇（50％→100％）という法的・経済的利益を得るのであり、この議決権比率にかかる利益は甲から長男に移転されたものというほかありませんから、その点が贈与とみなされて税務上の問題となる可能性はあります。ただ、その利益を金銭的に評価するための方法として確立したもの（公にされたもの）はないので、今のところは、課税される結果となることは原則としてないのではないかと思われます。

　もう一つは、たとえば、本事例の無議決権株式とされた後の孫Ｂへの贈与の後に、その贈与された無議決権株式につき、議決権を復活させることが行われる（または予定していると認められる）場合は、その贈与株式の評価を特例的評価方式で行うことは明らかに不当ということになりますから、課税当局において原則的評価方式で評価し直す更正が行われることになると思われます。

（髙橋　大貴）

第5章 親族内承継の事業承継対策②〜相続税・贈与税の軽減対策と納税資金対策〜

★★★
保有株数の減少対策

Q47

相続税の軽減のために、オーナー経営者の保有する自社株式の保有株数を生前に減少させておく対策には、様々な手法があると聞きました。この保有株数を減少させる対策の概要について教えてください。

自社株式の保有株数を減少させる対策としては、①株式の贈与、②従業員持株会への自社株式の譲渡、③中小企業投資育成株式会社による自社株式の引受けがあります。

解説

① 保有株数の減少による非上場株式にかかる相続税の軽減対策のポイント

オーナー経営者の相続税の課税対象とされる自社株式（非上場株式）の相続税評価額は、［（財産評価基本通達に基づいて計算した）株価×被相続人の保有株数］の算式により計算されます。このため、オーナー経営者の保有株数を生前に他者に移転して減らすことにより、自社株式の相続税評価額を引下げ、非上場株式にかかる相続税の軽減を図ることができます（本章Q42図表1「相続税の軽減のための非上場株式の評価額の引下げ対策の概要」参照）。

この保有株数の減少対策を考える場合には、株式の移転により会社経営に悪い影響を与えないことが必要であり、移転先の選定が重要となります。このため、実務上は、次の②のような自社にとって友好的な者（1 後継者、2 従業員持株会、3 中小企業投資育成株式会社）を自社株式の移転先とする対策が行われます。

② 保有株数の減少対策の概要

1 後継者への自社株式の贈与

⑴ 後継者への自社株式の贈与による効果

オーナー経営者の保有する株式につき、後継者へ贈与を行って自社株式の保有株数を減らし、非上場株式の相続税評価額を引下げることができます。

また、後継者に自社株式を集中させる（一般的には自社株式の保有割合を、株主総会で重要事項を決議するために必要な3分の2以上の議決権を確保することを目安とします。）ことで、後継者がその会社の次のオーナーとして安定的に経営をしていくことが可能となります。

⑵ 後継者に自社株式の贈与を行う場合の留意点

① 後継者以外の相続人の遺留分の問題

後継者に自社株式を集中させた結果、後継者以外の相続人の遺留分（第2章Q15参照）を侵害してしまい、相続トラブルとなる可能性があります。自社株式を後継者に集中させる場合には、後継者以外の相続人の遺留分の確保について十分な検討が必要となります。

② 贈与税の負担

暦年課税制度により贈与税が計算される場合には、贈与する株式の株価および株数により、税負担が高額になる可能性があります。したがって、贈与税の課税方法として相続時精算課税制度（第3章Q22参照）を選択して贈与税の負担を軽減する、または非上場株式にかかる贈与税の納税猶予および免除制度（第6章Q52、Q54参照）の適用を受ける等により、贈与税の負担を軽減する対策の検討が必要となります。

③ 贈与した財産は相続税の課税対象となる場合があること

相続または遺贈により財産を取得した個人が被相続人から受けた相続開始前3年以内の贈与財産は、相続税の対象とされます。また、相続時精算課税制度の適用を受けた全ての贈与財産は、贈与者の相続税

第5章　親族内承継の事業承継対策②〜相続税・贈与税の軽減対策と納税資金対策〜

の対象とされます（第3章Q22参照）。この場合、贈与を受けた財産は、贈与時の相続税評価額を基に相続税が課税されます。したがって、贈与時よりも相続時の相続税評価額が下落した場合は、贈与しない場合に比べて相続税の計算上は不利になります。

2　従業員持株会への自社株式の譲渡

⑴　従業員持株会の概要

　非上場会社における従業員持株会は、一般的には民法上の組合として組成されます。したがって、この項では民法上の組合に絞り説明します。従業員持株会は、従業員持株会設立契約書（組合契約に相当します。）と持株会規約を定めることで、登記を行うことなく設立することが可能で、持株会の理事長が各会員から信託を受けて議決権を行使します。従業員持株会自体には法人格がないため法人税の申告は不要です。従業員持株会は民法上の組合であることから、税務上、持株会の理事長名義となっている株式は、会員がその出資割合に応じて共有するものとして取扱われます（所得税基本通達36・37共−19）。

　オーナー経営者および後継者が安定的に経営を行うことに支障が生じない範囲内で、保有株式を従業員持株会に移転することは、将来の相続税対策および事業承継対策として有効です。さらに、従業員の財産形成に寄与することができ、経営参画意識を持たせることも可能です。

⑵　従業員持株会への自社株式の譲渡による相続税の軽減効果

〈事例〉
　Ｇ株式会社（Ｇ社）の発行済株式の全て（1,000株）を保有するオーナー経営者甲は、Ｇ社株式を従業員10名に対し各30株、合計で300株配当還元価額（第3章Q26参照）により譲渡し、その譲渡を受けた従業員10名は、自らを会員とする従業員持株会を発足させました。

173

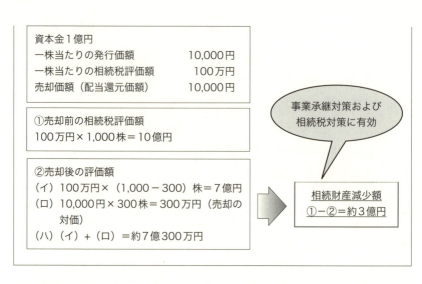

　この事例では甲の譲渡前のG社株式の相続税評価額は10億円ですが、甲が従業員持株会に配当還元価額（第3章**Q26**参照）によりG社株式を譲渡することにより、譲渡後の相続税の課税対象財産額を約3億円圧縮できます。

(3) 従業員持株会の活用における留意点
① 退職時の取扱いを持株会規約に規定しておくこと
　組合の規約で会員である従業員が退職（死亡退職を含む。以下、この項において同じです。）した場合、従業員は自動的に退会し、持株会は退職者の持分に応じた払戻しを行うことと、退職時における払戻しのための株式の価格の算定方法を定めておく必要があります。規約でこれらを定めておかないと持分権が従業員でない人に相続されたり、高額な買取りを求められたりする可能性があります。規約には「退会時に持分の払戻しを受ける株式の価格の算定は、配当還元価額を参酌して行う。」などと定めておくことが重要です。

② 議決権の制限を考慮すること
　従業員持株会に移転する株式を配当優先無議決権株式（株主総会で

議決権を行使することができず、配当を受ける権利のみを付与された株式）に転換しておけば、経営者および後継者の議決権に一切影響を与えません。しかし、配当が継続できないと従業員持株会の会員の不信感が高まり、従業員持株会を維持していくことが困難となる場合もあるので注意が必要です。

3 中小企業投資育成株式会社による株式引き受け

中小企業投資育成株式会社（以下「投資育成」）は、中小企業投資育成株式会社法に基づいて中小企業の自己資本充実と健全な成長発展を支援する目的で投資活動を行っている株式会社です。

現経営者および後継者が安定的に経営を行うことに支障が生じない範囲内で、自社株式を投資育成に移転することは将来の相続税対策および事業承継対策として有効です。投資育成の活用による相続税軽減の効果については、前述2⑵で説明した従業員持株会と同様の効果が期待できます。

〈投資育成による自社株式引受けのメリット〉

⑴ 投資育成の資本参加により、投資育成と経営者とを合わせたシェアで経営権の安定化が図れます。

⑵ 投資育成が経営陣を支える長期安定株主となります。

⑶ 投資育成の資本参加により、結果的に評価額が引下がることがあります。

⑷ 安定株主として投資育成がオーナーや退職従業員等から買い取った自己株式等の受け皿となることができます。

（出典：「「投資育成」ご利用ガイドQ&A」東京中小企業投資育成株式会社）

（髙橋　大貴）

★★★ 個人株主が非上場株式を発行会社に譲渡した場合の税務上の取扱い

Q48
個人株主が非上場株式を発行会社に譲渡した場合の税務上の取扱いについて教えてください

原則として、譲渡価額のうち発行会社の1株当たり資本金等の額を超える部分に譲渡株数を乗じた金額が配当等の収入金額とされ、通常はそのまま配当所得の金額となります。また、譲渡価額から配当等の収入金額とされる金額を控除した金額は、譲渡所得等にかかる総収入金額となります。

解説

1 発行会社の会計処理と税務処理

会社が自己株式を取得し、その対価を支払った場合、会計上は取得原価をもって純資産の部の株主資本のマイナス項目として表記します（会社計算規則76条第2項、自己株式及び準備金の額の減少等に関する会計基準7、8）。

一方、税務上は、その取得の対価のうち、資本金等の額に対応するとされる部分は出資の払戻し、利益積立金に対応する部分は配当と考えます。具体的には、株主にその取得の対価として交付される金銭等のうち、取得資本金額(注)に相当する金額を資本金等の額から控除し、取得資本金額を超える金額を利益積立金から控除します（法人税法2条16号、18号、法人税法施行令8条第1項20号、9条第1項14号）。

(注) 取得資本金額は、次の算式により計算します（法人税法施行令8条第1項20号）。

第5章 親族内承継の事業承継対策②〜相続税・贈与税の軽減対策と納税資金対策〜

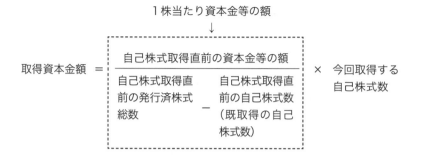

　例えば、発行会社の1株当たり資本金等の額が30,000円の会社が、自己株式を1株50,000円で取得した場合、税務上の仕訳は次のようになります。

```
資本金等の額  30,000 ／ 現金預金  50,000
利益積立金額  20,000 ／
```

　この発行会社側の処理と、譲渡した個人株主側の税務処理は、表裏一体の関係になります（後述②1、2参照）。

② 個人株主の税務処理

1 個人株主の配当所得（みなし配当）

　発行会社への株式の譲渡対価として取得した金銭等のうち、①の発行会社の税務処理において利益積立金の減とされる金額に相当する金額（前述①の事例では20,000円）は、一定の場合を除き、原則として、その株式を譲渡した株主において配当とみなされ（所得税法25条。通常「みなし配当」と呼ばれます。）、配当所得の金額となります。

　この配当所得は総合課税の対象となり、一方で、配当控除の適用を受けることができます。また、配当とみなされる金額に対しては、支

払いの際に20.42％の源泉所得税および復興特別所得税の徴収が行われます（所得税法181条、182条他）。

2 個人株主の譲渡所得等

発行会社の自己株式取得により個人株主に交付される金銭等から配当とみなされる金額（上記1）を除いた金額は、譲渡所得、事業所得または雑所得（譲渡所得等）の金額の総収入金額とされます（租税特別措置法37条の10第3項5号）。

たとえば、売主である個人株主の株式取得価額（取得費）が40,000円の場合、1の例で計算すると次の通り10,000円の株式譲渡損が発生します。この譲渡損は、他の非上場株式の譲渡益との通算はできますが、その通算後に残った損失の金額はなかったものとされ、他の所得の金額と通算することはできません（租税特別措置法37条の10第1項）。

図表　株式にかかる譲渡所得等の金額の計算

$$総収入金額 \left\{ \begin{matrix} 50,000 \\ （株式の譲渡価額） \end{matrix} - \begin{matrix} 20,000 \\ （みなし配当の額） \end{matrix} \right\} - \begin{matrix} 株式取得価額 \\ 40,000 \end{matrix}$$

$$= \triangle 10,000$$

3 相続等により取得した非上場の株式を発行会社に売却した個人株主の譲渡所得

相続または遺贈により財産を取得した個人で、その相続または遺贈につき相続税を納付すべき者が、その財産のうちに非上場株式がある場合において、その相続の開始があった日の翌日からその相続税の申告書の提出期限の翌日以後3年を経過する日までの間に、その相続税

額にかかる課税価格の計算の基礎に算入された非上場株式をその発行会社に譲渡した場合は、前述1のみなし配当課税を行わず、その譲渡対価の全額が株式の譲渡所得等の総収入金額とされます（租税特別措置法9条の7第1項、第2項）。また、この場合、譲渡所得の金額の計算上、負担した相続税額のうち一定の算式で計算した金額を取得費に加算する「相続税額の取得費加算の特例」の適用を受けることができます（租税特別措置法39条）。

なお、この税制の詳細については、本章Q49を参照ください。

(川嶋　克彦)

★★★
相続により取得した非上場株式を発行会社に譲渡した
個人株主の税務

Q49

私は相続により非上場株式を取得しましたが、相続財産の大半がこの非上場株式のため納税資金が不足しています。相続した非上場株式を発行会社に譲渡して得た代金を相続税の納税資金にする方法があると聞きました。私がこの譲渡をした場合の税務上の取扱いについて教えてください。

POINT　原則として、個人が株式をその発行会社に譲渡した場合には、その株式の譲渡の対価のうち一部については配当所得とみなされ、残りの対価部分については譲渡所得として所得税が課税されますが、ご質問のように相続により取得した非上場株式の譲渡で一定の要件を満たした場合には、譲渡対価の全てが譲渡所得となります。また譲渡所得の金額の計算上、相続税額を取得費に加算し、譲渡対価から控除する特例の適用ができる場合があります。

解説

1　個人が非上場株式を発行会社に譲渡した場合の取扱いの原則（後述2以外の譲渡の場合）

1　みなし配当

個人株主が非上場株式をその発行会社に譲渡した場合、発行会社はその自社株式の取得と引き換えにその時の価額を対価として株主に支払いますが、株主が株式の譲渡対価として取得した金銭等の額のうち、当該譲渡株式に対応する発行会社の資本金等の額(＊1)を超える額が、発行会社における利益積立金(＊2)を原資とした支払とされて、個人株主が発行会社から受けた配当とみなされ（所得税法25条。通常「み

180

なし配当」と呼ばれます。）、配当所得の金額となります。このみなし配当は総合課税の対象とされ、他の所得と合算され所得税が課税されます（所得税法22条第2項）。課税所得が多い場合には、所得税、復興特別所得税および住民税の合計で最高55.945％の税率が適用されて課税されます。

（＊1）資本金等の額とは、法人が株主等から出資を受けた金額として、法人税法施行令8条に定める金額をいいますが、多くの場合は資本金と資本剰余金の合計額となります。譲渡株式に対応する資本金等の額は、例えば、発行済株式が100株で発行会社に譲渡する株式の数が30株の場合、その合計額の30％です。

（＊2）利益積立金額とは、法人の所得の金額で留保している金額として法人税法施行令第9条に定める金額をいいます。

2　株式の譲渡所得

個人株主が株式を譲渡した場合、通常はその譲渡対価の額が譲渡所得の金額の総収入金額となり、そこから取得費と譲渡費用を差し引いて譲渡所得の金額が計算されます。しかし、発行会社による自己株式の購入に当たる譲渡の場合には1で述べたとおり、譲渡対価の形で受領した金銭の一部はみなし配当になり、そのみなし配当部分を譲渡対価から控除した残額が譲渡所得の金額の総収入金額となります。このようにして計算される総収入金額から取得費と譲渡費用の合計額を差し引いて、譲渡所得の金額が計算されます。この譲渡所得については他の所得と区分して20.315％（所得税、復興特別所得税および住民税の合計）の税率により課税されます（租税特別措置法37条の10）。したがって、課税所得が多い場合には、みなし配当として課税されるよりも、譲渡所得として課税された方が有利となります。

図表1　個人が非上場株式を発行会社に譲渡した場合の税務上の取扱い（原則）

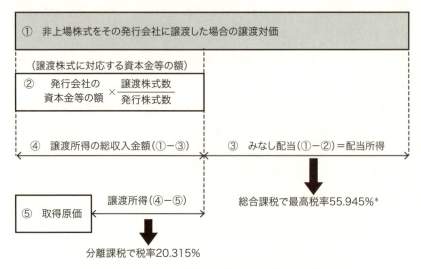

2 相続により取得した非上場株式を、相続後3年10ヶ月以内に発行会社に譲渡した場合の取扱い

1 みなし配当課税の不適用

(1) 概　要

　相続により非上場株式を取得した個人のうち、その相続につき納付すべき相続税のあるものが、その相続の開始があった日の翌日から相続税の申告書の提出期限の翌日以後3年を経過する日までの間（相続発生後3年10ヶ月以内）に、その相続税額の課税対象となった非上場株式をその発行会社に譲渡した場合は、一定の手続きの下で、1のみなし配当課税と譲渡所得課税に分けた課税を行わず、株主が譲渡対価として取得した全額が非上場株式の譲渡所得にかかる収入金額となり、その収入金額から譲渡した非上場株式の取得費および譲渡に要した費用を控除して計算した譲渡所得の金額が計算され、他の所得と分離さ

れて所得税が課税されます。(租税特別措置法9条の7、同法37条の10第3項)。

(2) 特例が設けられた趣旨

非上場株式を相続した個人が、相続税の納税資金確保のため、その株式を譲渡する場合があります。このような場合、第三者への譲渡による経営権の分散を防止する観点から、相続した株式を発行会社へ譲渡することも考えられるのですが、前述①の［みなし配当課税＋譲渡所得課税］が行われると、譲渡対価の大部分がみなし配当となる傾向があり、それが総合課税の対象となって、株主に多額の税負担が生じ、納税資金の確保に支障をきたすことがあるという問題がありました。そこで、相続財産である非上場株式を相続発生後3年10ヶ月以内に発行会社に譲渡した場合には、本来はみなし配当課税（総合課税）となる部分も含めて全てを株式譲渡所得として分離課税を行う特例が設けられています。

(3) 手続要件

この規定の適用を受けようとする個人は、「相続財産にかかる非上場株式をその発行会社に譲渡した場合のみなし配当課税の特例に関する届出書」に所定の事項を記載のうえ、非上場株式の譲渡をする時までに発行会社に提出する必要があります（租税特別措置法施行令5条の2第2項）。

この届出書の提出を受けた発行会社が自己株式を取得した場合は、一定の事項を記載した書類を、取得の日の属する年の翌年1月31日までに、上記の届出書と併せて所轄税務署長に提出する必要があります。発行会社は、届出書と書類の写しを各人別に整理の上、提出日の属する年の翌年から5年間保存する義務があります（租税特別措置法施行令5条の2第3項、第4項）。

2 相続税額を取得費に加算する特例(租税特別措置法39条)

(1) 概　要

相続または遺贈(以下「相続等」)により非上場株式を含む資産を取得して、相続税が課税されているものが、相続開始のあった日の翌日から相続税の申告書の提出期限の翌日以後3年以内(相続発生後3年10ヶ月以内)に非上場株式などのその相続等により取得した資産を譲渡した場合には、譲渡所得の金額の計算上、取得費に次の算式により計算した相続税額のうち一定の金額を加算でき(取得費加算の特例)、結果として課税される譲渡所得の金額が小さくなります。

なお、この特例は、1の特例と併せて適用を受けることができます。

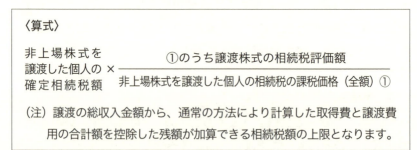

図表2　個人が相続等により取得した非上場株式をその発行会社に相続後3年10ヶ月以内に譲渡した場合(特例)

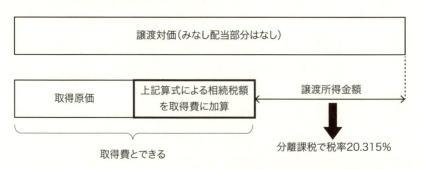

⑵　適用要件

この特例を受けるためには、所得税の確定申告をすることが必要です。
確定申告書には、この特例の適用を受けようとする旨の記載の他に、

①　相続税の申告書の写し（第1表、第11表、第11の2表、第14表、第15表）

②　相続財産の取得費に加算される相続税の計算明細書

③　株式等にかかる譲渡所得等の金額の計算明細書

の添付が必要です。

　この②の計算明細書を使用することにより、取得費に加算される相続税額を計算することができます。

（岡　隆充）

★★★ 非上場会社が株主との合意により自己株式を取得する場合の会社法上の取扱い

Q50
非上場会社が株主との合意により自己株式を取得する（いわゆる金庫株）場合の、会社法上の取扱いについて教えてください。

非上場会社が株主との合意により自己株式を取得する方法には、次のものがあります。

1　全株主を対象に取得する方法（「ミニ公開買付」などといわれています。）
2　特定の株主を対象に取得する方法

いずれの方法の場合も株主総会の決議が必要となりますが、株主平等の原則の観点から、1の場合は普通決議、2の場合は特別決議となります。

解説

非上場会社が株主との合意により自己株式を取得する方法には、次のものがあります。

1　全株主を対象に取得する方法（ミニ公開買付）

この方法は、事前に株式会社が株式買取りの条件を株主全員に通知し、株式譲渡人の募集をすることにより、株式譲渡の機会を株主に平等に与えようとするものです。別名、「ミニ公開買付」とも呼ばれます。

この方法による場合の手続の流れは、次のようになります。

1　株主総会の決議

株式会社がこの方法により自己株式を買取る場合には、株主総会の

普通決議により、あらかじめ次の事項を定めることになります。この場合の普通決議は、定時株主総会に限らず臨時株主総会による決議でもかまいません（会社法156条第1項）。

① 取得する株式の数（種類株式（第4章Q31参照）を発行する会社の場合は、株式の種類および種類ごとの数）

② 株式を取得するのと引換えに交付する金銭等の内容および総額

③ 株式を取得することができる期間（ただし1年を超えることができません。）

2　取得条件の決定

1の決定に従い、株式会社が自己株式を取得する場合には、その都度、取締役（取締役会を設置する株式会社の場合は取締役会）が、次の事項を定める必要があります（会社法157条）。

(1) 取得する株式の数（種類株式発行会社にあっては、株式の種類および数）

(2) 株式1株を取得するのと引換えに交付する金銭等の内容および数もしくは額またはこれらの計算方法

(3) 株式を取得するのと引換えに交付する金銭等の総額

(4) 株式譲渡の申込期日

3　株主に対する通知

株式会社は、全株主（種類株式を発行する会社の場合は、取得する株式の種類の種類株主）に対し、2の内容を通知しなければなりません（会社法158条）。

4　株主からの譲渡の申込み

株主は、3の通知を受けて、株式会社に対して株式譲渡の申込みができます。この場合、株主は譲渡を申し込む株数と、種類株式の場

合はその種類もあわせて明示する必要があります（会社法159条第1項）。当該申込みがあったときは、2⑷の株式譲渡の申込期日において、株式会社が株式の買取りを承諾したものとみなされます（会社法159条第2項）。

なお、株主からの譲渡申込株式の総数が、株式会社の取得する株式の総数を超えるときは、株式会社は次の算式で計算した株式の譲渡を承諾したものとみなされます（同ただし書）。

〈算式〉

その株主の譲渡申込株式数 × $\dfrac{株式会社の取得する株式の総数}{株主が譲渡申込した株式の総数}$

② 特定の株主を対象に取得する方法

1 取得手続

この方法は、特定の株主のみから自己株式を買取るものです（会社法160条第1項）。したがって、株主平等の原則に反することから、手続上は前述①を基本としながら、次の点で大きく異なる取扱いをします。

まず、他の株主にも株式譲渡の機会を与えるため、法務省令（会社法施行規則28条）で定める時（原則として株主総会の日の2週間前）までに、株式会社が特定の株主以外の株主に対し、「『自己を（売主である）特定の株主に加えたものを株主総会の議案とすること』を請求できる。」旨を通知しなければなりません（会社法160条第2項、第3項）。

さらに、特定の株主のみから自己株式を取得することにつき、株主総会の特別決議が必要となります（会社法309条第2項2号）。

この場合の特別決議は、①と同じく定時株主総会に限らず臨時株主総会による決議でもかまいません。ただし、原則として譲渡人とされた特定の株主は、当該株主総会で議決権を行使することができません

（会社法160条第4項）。

2　相続人等から取得する場合の特例

相続、合併その他の一般承継により株式を取得した者から、その承継した株式を発行会社である非上場会社が買取る場合には、1の特例として、他の株主が自分を譲渡人に追加する旨の請求ができません。ただし、相続等により株式を取得した者が、発行会社である非上場会社の株主総会または種類株主総会で、その株式につき議決権を行使している場合には、この特例の適用はありません（会社法162条）。

3　定款の規定による1の特例

株式会社は、1の特例として、定款の規定により、自己株式の買取りの際に、その株式の譲渡人以外の株主を譲渡人に追加する旨の請求ができないように定めることができます（会社法164条第1項）。

なお、株式の発行後に定款を変更してこの規定を設けようとするために、その株式を有する株主全員の同意が必要です（会社法164条第2項）。

③　財源規制

自己株式の取得は、実質的に株主に株式会社の財産を払い戻すことと同じです。したがって、債権者保護のための資本充実・維持の見地より、自己株式取得を行う場合には、その取得の対価の総額が、分配可能額を超えることができないという規制があります（会社法461条第1項）。

財源規制の基となる分配可能額は、簡単に言うと、株式会社の最終の貸借対照表の純資産の部に計上されているその他資本剰余金の額とその他利益剰余金の額の合計額から、最終の貸借対照表の純資産の部にマイナス計上されている自己株式の帳簿価額等および当期に既に配

当等として分配した価額をマイナスした残額です（会社法461条第2項・図表参照）。

　また、株式会社が期中に臨時決算手続（会社法441条）を行うことにより、前期末から配当基準日までの期間分の利益を分配可能額に反映させ、その利益の分だけ分配可能額を増加させることができます(会社法461条第2項2号)。

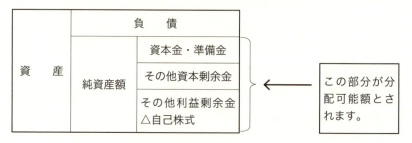

図表　純資産額と分配可能額の簡易なイメージ図

　会社法では分配可能額の詳細な算定式（計算過程）を定めていますが（会社法461条第2項）、分配可能額の金額ぎりぎりまで自己株式を取得するのでなければ、分配可能額の計算は必ずしも厳密にする必要はなく、前述で説明した簡易な計算で求めた金額の範囲内で、余裕をもって自己株式の買取りを行えば問題ありません。

（川嶋　克彦）

第6章

事業承継税制その他
事業承継にかかる税制の特例

★★★ 非上場株式にかかる相続税の納税猶予および免除制度（一般措置）

> **Q51**
>
> 非上場株式にかかる相続税の納税猶予および免除制度（相続税の一般措置）の概要について教えてください。

中小企業の事業承継の問題を解消するため、後継者が都道府県知事の認定を受けた非上場会社の発行する株式を先代経営者である被相続人から相続または遺贈（以下「相続等」）により取得した場合において、一定の要件を満たしたときには、原則として後継者の死亡の日まで相続税の納税を猶予し、さらには免除する措置が設けられています。

解説

1 相続税の一般措置の概要

相続等で非上場株式（議決権について制限のないものに限ります。）を取得した後継者は、一定の要件を満たすことにより、その株式等にかかる相続税の80％相当額について相続税の納税猶予の適用を受けることができます。

ただし、納税猶予の対象となるのは、後継者が相続前から既に保有していた議決権株式を含め発行済完全議決権株式総数（議決権の制限のある株式等を除いた発行済株式等の総数をいいます。以下、本章において同じ。）の3分の2に達するまでの部分に限定されます（租税特別措置法70条の7の2第1項、第2項5号）。

第6章　事業承継税制その他事業承継にかかる税制の特例

②　適用要件

1　対象となる会社（認定承継会社）の主な要件（租税特別措置法70条の7の2第2項1号）

⑴　経営承継円滑化法（中小企業における経営の承継の円滑化に関する法律）2条に規定する中小企業者（第1章Q8参照）で、かつ、都道府県知事の認定を受けた会社であること

⑵　非上場会社であること

⑶　風俗営業会社に該当しないこと

⑷　資産保有型会社または資産運用型会社のうち一定のものに該当しないこと[注]

（注）「資産保有型会社」とは、原則、相続開始の日を含む事業年度の直前の事業年度の開始の日からその相続税の納税猶予税額の全額の猶予の期限が確定（猶予の打切り）する日までの期間のいずれかの日において、その会社の貸借対照表上の総資産の帳簿価額のうち、現預金、有価証券、自ら使用していない不動産その他の資産（以下「特定資産」）の占める割合が70％以上となる会社をいいます（租税特別措置法70条の7の2第2項8号、70条の7第2項8号、同施行令40条の8の2第24項、25項）。「資産運用型会社」とは、原則、相続開始の日の含む事業年度の直前の事業年度の開始の日から、その相続税の納税猶予税額の全額の猶予の期限が確定（猶予の打切り）する日までに終了する事業年度の末日までのいずれかの事業年度における総収入金額に占める特定資産の運用収入の合計額の割合が75％以上となる会社をいいます（租税特別措置法70条の7の2第2項9号、70条の7第2項9号、同施行令40条の8の2第27項）。

資産保有型会社または資産運用型会社（以下「資産保有型会社等」）に該当する会社は、原則として納税猶予の適用を受けることができません。ただし、資産保有型会社等のうち次の要件を全て満たすものは、事業実態を有することから、前述の「資産保有型会社または資産運用型会社のうち一定のもの」に該当せず、納税猶予の適用を受けること

193

ができます（租税特別措置法施行令40条の8の2第7項2号）。

① 資産保有型会社等が、相続の開始の日まで引き続き3年以上にわたり、商品の販売その他の業務で一定のものを行っていること

② ①の相続の開始の時において、その資産保有型会社等の常時使用従業員(後継者および後継者と生計を一にする親族を除きます。以下「親族外従業員」）の数が5人以上であること

③ ①の相続の開始の時において、その資産保有型会社等が、②の親族外従業員が勤務している事務所、店舗、工場その他これらに類するものを所有し、または賃借していること

(5) 直近の事業年度における総収入金額（営業外収益および特別利益を除く。）がゼロを超えること（租税特別措置法施行令40条の8の2第10項1号、租税特別措置法施行規則23条の10第7項、23条の9第6項）

(6) 常時使用従業員の数が1人以上であること

なお、「常時使用従業員」とは、対象会社の従業員のうち、次の①または②に該当する者をいいます（租税特別措置法施行規則23条の10第5項、23条の9第4項）。

① 厚生年金保険、船員保険、もしくは健康保険の被保険者

② 対象会社と2ヶ月を超える雇用契約を締結している者で75歳以上であるもの

(7) その他一定の要件を満たしていること

2 適用対象となる後継者（経営承継相続人等）の主な要件（租税特別措置法70条の7の2第2項3号等）

(1) 相続開始の日の翌日から5ヶ月を経過する日において認定承継会社の代表権（制限が加えられた代表権を除く。以下、本問において同じ。）を有していること

第6章　事業承継税制その他事業承継にかかる税制の特例

(2)　相続開始時において後継者とその同族関係者で認定承継会社の総株主等議決権数^(注)の50％超を有し、かつ、後継者およびその同族関係者の内で筆頭株主であること

（注）総株主等議決権数とは、総株主（株主総会において決議をすることができる事項の全部につき議決権を行使することができない株主を除きます。）等の議決権の数をいいます。

(3)　相続開始時からその相続にかかる相続税の申告書の提出期限まで引き続き、その相続または遺贈により取得した認定承継会社の株式のうち、相続税の納税猶予の適用を受けるものの全部を有していること

(4)　相続開始の直前において、その会社の役員であること。ただし、被相続人が60歳未満で死亡した場合を除く。

(5)　その会社の株式について非上場株式等にかかる相続税の納税猶予および免除の特例措置（本章Q55参照）または非上場株式等にかかる贈与税の納税猶予および免除の特例措置（本章Q56参照）等の適用を受けていないこと。

3　先代経営者である被相続人の主な要件（租税特別措置法70条の7の2第1項、租税特別措置法施行令40条の8の2第1項）

(1)　その会社の株式について、既に相続税の一般措置または贈与税の一般措置等の適用を受けている者が、その会社の株式を相続により取得する場合

　…その会社の株式を有していた個人

(2)　(1)以外の場合

　…次の①および②の要件を満たす個人

　①　会社の代表権を有していたこと

　②　相続開始直前において、被相続人とその同族関係者（第3章Q27参照）で総議決権数の50％超の議決権数を有し、かつ、後

195

継者を除いたこれらの者の中で最も多くの議決権数を有していたこと

③　納税猶予される相続税額

　納税を猶予される相続税額（以下「納税猶予相続税額」）は、次の手順で計算した金額となります（租税特別措置法70条の7の2第1項、第2項5号、租税特別措置法施行令40条の8の2第13項）。

　納税猶予相続税額の計算上、相続税の課税価格から控除すべき被相続人の債務・葬式費用がある場合には、 ステップ1 で納税猶予・免除制度の適用を受ける非上場株式以外の財産の価額から控除されます。

図表　相続税の納税猶予税額の計算

ステップ1	課税価格の合計額に基づき後継者の相続税を計算します。

後継者以外の相続人等が取得した財産の価額の合計額	後継者が取得した全ての財産の価額の合計額（不動産、預貯金、非上場株式等）	相続税の計算 ⟹	①後継者の相続税

ステップ2	後継者が取得した財産が**特例の適用を受ける非上場株式のみ**であると仮定して後継者の相続税を計算します（債務や葬式費用がある場合は、非上場株式等以外の財産から先に控除します）。

後継者以外の相続人等が取得した財産の価額の合計額	A　特例の適用を受ける非上場株式等の額※	相続税の計算 ⟹	②Aに対応する後継者の相続税

※Aの算定にあたり、この制度の適用を受ける非上場株式等にかかる会社等が、一定の外国会社等の株式等を有する場合には、その外国会社等の株式等を有していなかったものとして計算した価額となります。

ステップ3	後継者の取得した財産が**特例の適用を受ける非上場株式の20%のみ**であると仮定して後継者の相続税を計算します。

後継者以外の相続人等が取得した財産の価額の合計額	B　A×20%	相続税の計算 ⟹	③ Bに対応する後継者の相続税

ステップ4	「②の金額」から「③の金額」を控除した残額が**「納税が猶予される相続税額（④の金額）」**となります。

なお、「①の金額」から「納税が猶予される相続税額（④の金額）」を控除した「⑤の金額（納付税額）」は相続税の申告期限までに納付する必要があります。

④猶予税額	⑤納付税額

出典：国税庁ホームページ

第6章 事業承継税制その他事業承継にかかる税制の特例

④ 適用を受けるための手続

1 都道府県知事の認定

相続税の納税猶予の適用を受けるためには②1(1)の都道府県知事の認定を受ける必要があります。この認定の申請は、被相続人の相続開始の日の翌日から8ヶ月を経過する日までに、その会社の主たる事務所が所在する都道府県知事に対して行います（経営承継円滑化法施行規則7条第3項）。

2 相続税の申告

前述1の都道府県知事の認定を取得後、相続税の申告期限までにこの特例の適用を受ける旨を記載した相続税の申告書に、都道府県知事から交付された認定書の写しその他一定の書類を添付して提出することが必要です（租税特別措置法70条の7の2第1項、第9項）。

3 担保の提供

前述2の申告書の提出期限までに、納税猶予される相続税額および利子税の額に見合う担保を提供することが必要です（租税特別措置法70条の7の2第1項）。なお、納税猶予の適用を受ける非上場株式のすべてを担保として提供した場合は、納税猶予相続税額に見合う担保の提供があったものとみなされます（租税特別措置法70条の7の2第6項）。

⑤ 納税猶予期間中の手続

1 相続税の申告期限後の5年間

(1) 都道府県知事への報告

都道府県知事の認定時の要件を引き続き維持していることを記載した「年次報告書」（定款の写し等の一定の添付書類を含む。）を毎年1回、その会社の主たる事務所が所在する都道府県知事に提出する必要があ

197

ります（経営承継円滑化法施行規則12条第3項、第4項）。

⑵　税務署長への届出

　引き続き納税猶予の適用を受ける旨や、納税猶予の対象となる認定承継会社の経営等に関する事項を記載した「非上場株式等についての相続税の納税猶予の継続届出書」を毎年1回、納税地の所轄税務署長に提出する必要があります（租税特別措置法70条の7の2第10項）。

2　相続税の申告期限から5年経過後

　前述1⑵の「非上場株式等についての相続税の納税猶予の継続届出書」を、3年ごとに1回、納税地の所轄税務署長に提出する必要があります（租税特別措置法70条の7の2第10項）。

3　税務署長への届出をしなかった場合の納税猶予の打ち切り

　1⑵と2の継続届出書の提出がない場合には、原則として、相続税の納税猶予の適用が打ち切られ（租税特別措置法70条の7の2第12項）、納税猶予相続税額と利子税（同第28項）を納付しなければなりません。

6　後継者が死亡等した場合の納税猶予相続税額の免除

1　制度の概要

　非上場株式にかかる納税猶予相続税額は、次のいずれかに該当することとなった場合には、それぞれに掲げる相続税が免除されます（租税特別措置法70条の7の2第16項）。

⑴　後継者が死亡した場合

…納税猶予相続税額に相当する相続税

⑵　経営承継期間の末日の翌日以後、納税猶予の適用を受けた非上場株式を「非上場株式にかかる贈与税の納税猶予および免除制度（贈与税の一般措置・租税特別措置法70条の7）」（本章Q52参照）、または「贈

第6章　事業承継税制その他事業承継にかかる税制の特例

与税の特例措置・同70条の7の5」（本章Q54参照）の適用にかか
る贈与をした場合

…納税猶予相続税額のうち、贈与税の納税猶予の適用にかかる非上
場株式に対応する部分の額として一定の方法により計算した金額
に相当する相続税

(注) 経営承継期間とは、相続税の一般措置の適用にかかる相続税の申告
期限の翌日から、次の①、②のいずれか早い日と後継者の死亡の日の
前日の早い日までの期間をいいます（租税特別措置法70条の7の2第
2項6号）。

① 後継者の最初の相続税の一般措置の適用にかかる相続税の申告期
限の翌日以後5年を経過する日

② 後継者の最初の贈与税の一般措置（本章Q52参照）の適用にかか
る贈与税の申告期限の翌日以後5年を経過する日

2　免除届出書の提出

前述1の免除要件に該当することとなった場合は、前述1の(1)また
は(2)に該当することになった日から同日以後6ヶ月を経過する日まで
に、一定の届出書を被相続人の相続税の納税地の所轄税務署長に提出
する必要があります（租税特別措置法70条の7の2第16項）。

7　納税猶予の打ち切り

経営承継期間内に、①納税猶予の要件とされていた認定承継会社や
後継者の要件を満たさなくなった場合、②常時使用従業員数の平均値
が相続開始時の従業員数の80％を下回った場合、③納税猶予の特例
を受けている非上場株式等の一部の譲渡または贈与をした場合など、
一定の（納税猶予の趣旨にそぐわない状態になった）場合に該当する
ときは、納税猶予は打ち切られ、その該当することとなった日から2ヶ
月を経過する日が納税猶予の期限となり（租税特別措置法70条の7
の2第3項等）、その日までに納税猶予相続税額と利子税を納付する

199

必要があります。

8 経営承継期間の経過後に、一定の場合に該当することとなった場合の納税猶予相続税額の免除申請

1 制度の概要

後継者が、非上場株式を譲渡した場合には、上記 7 のとおり、原則として、納税猶予が打ち切られます。ただし、経営承継期間の経過後に、その同族関係者以外の者である一定のものに対し、認定承継会社の株式の全部を譲渡し、一定の場合に該当するときは、納税猶予相続税額のうち、一定の部分については税務署長への免除申請の提出により、免除される場合があります。この他にも同様の取扱いをする場合が認められていますが、その詳細については税理士にご確認ください（租税特別措置法70条の7の2第17項）。

2 税務署長の処分

税務署長は、1 の申請書の提出があった場合は、その申請書の記載事項について調査をし、その申請書にかかる相続税の免除または申請の却下を行います（租税特別措置法70条の7の2第18項）。

（岡　隆充）

第6章 事業承継税制その他事業承継にかかる税制の特例

★★★ 非上場株式にかかる贈与税の納税猶予および免除制度（一般措置）

Q52

非上場株式にかかる贈与税の納税猶予および免除制度（贈与税の一般措置）の概要について教えてください。

後継者が都道府県知事の認定を受けた非上場会社（認定贈与承継会社）の発行する株式を、先代経営者（贈与者）から贈与により取得した場合において、一定の要件を満たした場合には贈与税の納税を原則としてその贈与者が死亡する日まで猶予し、さらには免除する特例が設けられています。

解説

1 納税猶予制度の概要

贈与税の納税猶予制度は、後継者が非上場株式（議決権について制限のないものに限ります。）の贈与を受けた場合、一定の要件を満たすことにより贈与税の全額につき納税が猶予されるものです。なお、納税猶予の対象となる株式は、後継者が既に有していた議決権株式を含め、発行済完全議決権株式総数の3分の2に達するまでの部分です。

2 適用要件

1 適用を受けるために必要な贈与株数

贈与税の納税猶予の適用を受けるために贈与することが必要な株式の数は次のとおり定められています（租税特別措置法70条の7第1項）。

⑴　贈与前に贈与者と受贈者の有している株式等の合計が、認定贈与承
　継会社の発行済株式総数の3分の2以上である場合

…贈与者は、贈与後の受贈者の有する株式の数が、認定贈与承継会
　社の発行済株式総数の3分の2以上となるだけの株式を贈与する
　必要があります。

⑵　⑴以外の場合

…贈与者が贈与直前に有する株式の全部を受贈者に贈与する必要が
　あります。

2　対象となる会社（認定贈与承継会社）の主な要件（租税特別措
　置法70条の7第2項1号）

「非上場株式にかかる相続税の納税猶予および免除制度」における株
式の発行会社（認定承継会社）の要件（本章Q51②1参照）と同じです。

3　適用対象となる後継者である受贈者の主な要件（租税特別措置
　法70条の7第2項3号）

贈与の時において次のいずれの要件も満たすことが必要です。

⑴　会社の代表権を有していること

⑵　20歳以上^(注)であること

　（注）令和4年4月1日以後の贈与については、「18歳以上」となりま
　　　す（改正法附則1条11号）。

⑶　役員等の就任から3年以上を経過していること

⑷　受贈者および受贈者とその同族関係者（第3章Q27参照）で、
　認定贈与承継会社の総株主等議決権数^(注)の50％超を有し、かつ、
　これらの者の中で最も多くの議決権数を有することとなること

　（注）総株主等議決権数とは、総株主（株主総会において決議をする
　　　ことができる事項の全部につき議決権を行使することができない
　　　株主を除きます。）等の議決権の数をいいます。

第6章　事業承継税制その他事業承継にかかる税制の特例

(5)　その会社の株式について非上場株式等にかかる相続税の納税猶予および免除制度の特例措置（本章Q55参照）または非上場株式等にかかる贈与税の納税猶予および免除制度の特例措置（本章Q56参照）等の適用を受けていないこと。

4　先代経営者である贈与者の主な要件（租税特別措置法70条の7第1項、租税特別措置法施行令40条の8第1項）

(1)　**その会社の株式について、既に相続税の一般措置または贈与税の一般措置等の適用を受けている者が、その会社の株式を贈与により取得する場合**

…その会社の株式を有していた個人で贈与の時にその会社の代表権を有していないこと

(2)　**(1)以外の場合**

…次の①～③の要件をすべて満たす個人で、贈与の時に会社の代表権を有していないこと

①　贈与前のいずれかの日において会社の代表権を有していたこと。

②　贈与の時において、会社の代表権を有していないこと。

③　贈与の直前において、贈与者とその同族関係者（第3章Q27参照）で総議決権数の50％超の議決権数を有し、かつ、後継者を除いたこれらの者の中で最も多くの議決権数を有していたこと。

③　納税猶予される贈与税額

納税を猶予される贈与税額（以下「納税猶予贈与税額」）は、贈与された株式等のうち、受贈者がその贈与前から既に有していた議決権株式等を含め、発行済完全議決権株式総数の3分の2に達するまでの部分に対応する贈与税の額で、次の手順で計算した金額となります（租税特別措置法70条の7第1項・第2項5号）。

203

図表　贈与税の納税猶予税額の計算

ステップ1　贈与を受けた全ての財産の価額の合計額に基づき贈与税を計算します。

A　1年間（1月1日〜12月31日）に贈与を受けた全ての財産の価額の合計額（不動産、預貯金、非上場株式等）　→贈与税の計算→　①Aに対応する贈与税

ステップ2　贈与を受けた財産が**特例の適用を受ける非上場株式のみ**であると仮定して贈与税を計算します。

B　特例の適用を受ける非上場株式の額　→贈与税の計算→　②Bに対応する贈与税

相続時精算課税制度を適用する場合には、相続時精算課税制度を選択した贈与者ごとに、特例の適用を受ける非上場株式等の額の合計額から、特別控除額2,500万円（前年以前にこの特別控除を適用した金額がある場合は、その金額を控除した残額）を控除した残額に20％の税率を掛けた金額を算出し、その合計額が②の贈与税額となります（本章Q53②参照）。

ステップ3　②の金額が納税猶予贈与税額となります。

※なお、「①の金額」から「納税猶予贈与税額（②の金額）」を控除した残額である「③の金額（納付税額）」は贈与税の申告期限までに納付する必要があります。

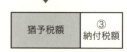
猶予税額　③納付税額

出典：国税庁ホームページ

4　適用を受けるための手続

1　都道府県知事の認定

　贈与税の納税猶予の適用を受けるためには都道府県知事の認定（租税特別措置法70条の7第2項4号、経営承継円滑化法12条第1項）を受ける必要があります。この認定の申請は、原則として、その非上場株式の贈与のあった年の翌年1月15日までに、その会社の主たる事務所が所在する都道府県知事に対して行います（経営承継円滑化法施行規則7条第2項）。

　この申請の窓口となる都道府県の担当課の連絡先は、中小企業庁のホームページで確認できます。

【中小企業庁ホームページ】

http://www.chusho.meti.go.jp/zaimu/shoukei/2019/190418shoukeizeiseimadoguchi.pdf

2 贈与税の申告

前述1の都道府県知事の認定を取得後、贈与税の申告期限までにこの特例の適用を受ける旨を記載した贈与税の申告書に、都道府県知事から交付された認定書の写しその他一定の書類を添付して提出することが必要です（租税特別措置法70条の7第1項、第8項）。

3 担保の提供

前述2の申告書の提出期限までに、納税猶予贈与税額に見合う担保を提供することが必要です（租税特別措置法70条の7第1項）。なお、納税猶予の適用を受ける非上場株式のすべてを担保として提供した場合は、納税猶予される贈与税額および利子税の額に見合う担保の提供があったものとみなされます（租税特別措置法70条の7第6項）。

5 納税猶予期間中の手続

1 贈与税の申告期限後の5年間

非上場株式にかかる相続税の納税猶予制度（本章Q51参照。以下同じ。）と同様に、都道府県知事の認定時の要件を引き続き維持していることを記載した「年次報告書」を毎年1回、その会社の主たる事務所が所在する都道府県知事に提出し（経営承継円滑化法施行規則12条第1項）、かつ、引き続き納税猶予の適用を受ける旨や、納税猶予の対象となる非上場株式にかかる会社の経営等に関する事項を記載した「非上場株式等についての贈与税の納税猶予の継続届出書」を毎年1回、納税地の所轄税務署長に提出する必要があります（租税特別措置法70条の7第9項）。

2 贈与税の申告期限から5年経過後

相続税の納税猶予制度と同様に、前述1の「非上場株式等についての贈与税の納税猶予の継続届出書」を、3年ごとに1回、納税地の所

轄税務署長に提出する必要があります（同）。

3 税務署長への届出をしなかった場合の納税猶予の打ち切り

前述1と2の税務署長に対する継続届出書の提出がない場合には、原則として、贈与税の納税猶予の適用が打ち切られ（租税特別措置法70条の7第11項）、納税猶予贈与税額と利子税（同第27項）を納付しなければなりません。

6 納税猶予贈与税額の免除（租税特別措置法70条の7第15項）

1 制度の概要

非上場株式にかかる納税猶予贈与税額は、次のいずれかの場合に該当することとなった場合には、免除されます。

(1) 贈与者の死亡の時以前に受贈者が死亡した場合

(2) 贈与者が死亡した場合

(3) 経営贈与承継期間^(注)の経過後に、別途この納税猶予の適用を受けることができる贈与をした場合

(注) 経営贈与承継期間とは、贈与税の一般措置の適用にかかる贈与税の申告期限の翌日から、次の①、②のいずれか早い日と後継者の死亡の日の前日の早い日までの期間をいいます（租税特別措置法70条の7第2項6号・本章Q54 3 3 (注)[1] 参照）。

　① 後継者の最初の贈与税の一般措置の適用にかかる贈与税の申告期限の翌日以後5年を経過する日

　② 後継者の最初の相続税の一般措置（本章Q51参照）の適用にかかる贈与税の申告期限の翌日以後5年を経過する日

2 免除届出書の提出

1の免除の適用を受けようとする場合は、1の(1)から(3)のいずれかに該当することとなった日から同日以後6ヶ月を経過する日までに、一定の届出書を受贈者の贈与税の納税地の所轄税務署長に提出する必

要があります。

7 納税猶予の打ち切り

非上場株式にかかる贈与税の納税猶予制度は、相続税の納税猶予制度と同様、猶予を受けた受贈者（後継者）が支配・経営する会社による事業の継続が要件となるので、その適用を受けた後、納税猶予にかかる非上場株式を譲渡するなど一定の事由が生じた場合には納税猶予が打ち切られ（租税特別措置法70条の7第3項等）、納税猶予贈与税額と利子税（同第27項）を納付する必要があります。

8 経営贈与承継期間の経過後、一定の事由に該当することとなった場合の納税猶予贈与税額の免除申請

1 制度の概要

受贈者が非上場株式を譲渡した場合には、原則として、納税猶予が打ち切られます。ただし、経営贈与承継期間の経過後に、その同族関係者以外の者で一定のものに対して対象会社の株式の全部を譲渡した場合、納税猶予が打ち切られた贈与税のうち、一定の方法により計算した税額については免除を受けたい旨の申請を納税地の所轄税務署長に対して行うことができます。ただし、その譲渡等した日から2ヶ月を経過する日までに限ります。この他にも同様の取扱いをする場合が認められていますが、その詳細については税理士にご確認ください（租税特別措置法70条の7第16項）。

2 税務署長の処分

申請書の提出があった場合、税務署長は、その申請書の記載事項について調査をし、その申請書にかかる贈与税の免除または申請の却下を行います（租税特別措置法70条の7第17項）。

207

9 非上場株式にかかる贈与税の納税猶予における贈与者が死亡した場合の相続税の課税の特例

1 概 要

非上場株式にかかる贈与税の納税猶予の適用を受けていた場合において、その納税猶予の打ち切りの日またはその受贈者の死亡の日以前に、その贈与者が死亡したときには、受贈者が贈与者から贈与税の納税猶予の適用を受けた非上場株式を相続または遺贈により取得したものとみなされ、相続税の対象になります。この場合において、贈与者の死亡による相続または遺贈にかかる相続税の課税価格の計算に算入される非上場株式の価額は、その**贈与者から贈与を受けた時における価額**となります（租税特別措置法70条の7の3第1項）。

2 1の取扱いを受ける株式につき、相続税の納税猶予の適用が受けられる場合

贈与税の納税猶予制度（一般措置）の適用を受けた非上場株式につき、1の取扱いを受ける受贈者は、租税特別措置法70条の7の4の規定により、相続税の納税猶予および免除制度（一般措置・本章Q51参照）とほぼ同様の納税猶予制度の適用を受けることができます。

（岡　隆充）

第6章　事業承継税制その他事業承継にかかる税制の特例

★★★
非上場株式にかかる贈与税の納税猶予の打切り時における相続時精算課税制度の適用

Q53

非上場株式にかかる贈与税の納税猶予の打切り時における相続時精算課税制度の適用について教えてください。

　平成29年度税制改正により、相続時精算課税制度を選択した後継者である受贈者が、先代経営者から受けた非上場株式の贈与につき、贈与税の納税猶予制度の適用を受けている場合、その猶予が打切りになったときに納付すべき贈与税は、相続時精算課税制度により計算した額〔(贈与財産の贈与時の価額の合計額−2,500万円を上限とする特別控除額)×20%〕とされました。この結果、暦年課税により計算した贈与税を納めることとされていた改正前に比べ、納税猶予打切り時の税負担が軽減され、贈与税の納税猶予制度の利用件数の増加が期待されています。

解説
① 非上場株式にかかる贈与税の納税猶予および免除制度
(1) 制度の概要

　経営承継円滑化法に規定する「中小企業者」(第1章Q8参照)に該当する非上場会社で、同法による都道府県知事の認定を受けたものの株式を、その会社の代表権を有していた先代経営者(「贈与者」)から贈与を受けた受贈者が、その会社の後継者として一定の要件を満たす者である場合には、その後継者が納付すべき贈与税のうち、その非上場株式のうち一定の部分に対応する額の納税が、その贈与者の死亡の日まで猶予されます(租税特別措置法70条の7第1項)。

　その納税猶予税額は、その贈与者の死亡の時以前にその後継者であ

る受贈者が死亡した場合や、その贈与者が死亡した場合などの事由が生じたときは、原則、その全部又は一部が免除されます（同第15項）。

(2) **納税猶予の打切り**

後継者である受贈者が、(1)の贈与税の納税猶予税額が免除される時までに、納税猶予の適用を受けた非上場株式を譲渡した等の一定の事由が生じた場合は、原則として納税猶予の期限が確定（猶予の打切り）し、納税猶予税額の全部又は一部を利子税と併せて納付する必要があります（同第4項ほか）。

なお、非上場株式にかかる贈与税の納税猶予および免除制度（一般措置）の詳細については、本章Q52をご参照ください。

② 非上場株式にかかる贈与税の納税猶予における、相続時精算課税制度の適用（納税猶予の打切りの場合）

相続時精算課税制度は、受贈者である個人が贈与財産に対する贈与税として、[（贈与財産の贈与時の価額の合計額−2,500万円を上限とする特別控除額）×20％（一律）] により計算した税額を納め、その贈与者が亡くなった時に、その贈与財産の贈与時の価額と相続財産の価額とを合計した金額を基に計算した相続税額から、既に納めたその贈与税相当額を控除することにより、贈与税・相続税を通じた納税を行う税制です（相続税法21条の9〜21条の16・第3章Q22参照）。

ただし、平成28年までは、後継者である受贈者が先代経営者からの贈与につき、相続時精算課税制度を選択した場合でも、先代経営者から贈与されたその非上場株式について納税猶予制度の適用を受けるときは、その猶予税額の計算上は相続時精算課税制度の適用を認めない規定があった（旧租税特別措置法70条の7第3項）ため、贈与税の猶予税額は暦年課税で計算されていました。

第6章 事業承継税制その他事業承継にかかる税制の特例

図表　贈与税の納税猶予税額の打切り時における比較

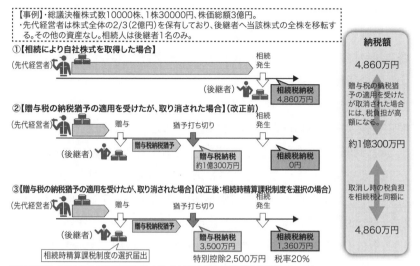

※納付税額は、先代経営者の息子が後継者になることを前提に算出。(利子税は考慮外)
※親族外承継の場合、親族外の後継者には相続税額の2割に相当する金額が加算される。また、贈与税額も高くなるケースがある。

出典：中小企業庁「平成29年度税制改正の概要について」28頁を基に作成

　平成29年度税制改正により、先代経営者から後継者である受贈者への平成29年1月1日以降の非上場株式の贈与につき、贈与税の納税猶予制度の適用を受ける場合において、その後継者である受贈者が先代経営者からの贈与について相続時精算課税制度を選択しているときは、その選択は納税猶予税額の計算上そのまま認められ、猶予税額の計算が相続時精算課税により行われることになりました（租税特別措置法70条の7第2項5号ロ）。

　この改正により、相続時精算課税制度を選択した後継者である受贈者の納税猶予が打切りになった場合、その納付すべき贈与税は、2の下線部の算式で計算した額(利子税が別途かかります。)とされました。

　なお、平成30年度税制改正により、従来の贈与税の納税猶予制度（一般措置）を維持したまま、その「特例措置」が創設されました（本章Q54参照）。この贈与税の特例措置の後継者が対象株式の贈与者から

211

の贈与につき相続時精算課税を選択している場合に、贈与税の特例措置が打切りとなったときは、その打切りにより納付すべき贈与税額は、一般措置の取扱いと同様、相続時精算課税により計算した金額となり、暦年課税により計算した贈与税を納付する場合と比べて、納税猶予打切り時の税負担は軽減されます。

　また、通常の相続時精算課税は60歳以上の者から20歳以上 ^(注) の推定相続人・孫への贈与について適用することができる制度ですが、贈与税の特例措置の場合には60歳以上の者から20歳以上 ^(注) の者（推定相続人や孫でもよいが、それらに限られない）への贈与について適用することができます（租税特別措置法70条の2の7第1項、相続税法21条の9）。

(注) 令和4年4月1日以後の贈与については、「18歳以上」となります（改正法附則1条11号）。

③　適用を受けるための要件

　これまで相続時精算課税制度の選択をしなかった後継者である受贈者が、上記②(2)の適用を受けて納税猶予分の贈与税額を相続時精算課税制度により計算しようとする場合は、その納税猶予の適用を受ける非上場株式につき贈与を受ける年の贈与税の申告期限（翌年3月15日）までに、納税地の所轄税務署長に対し、相続時精算課税選択の届出を行う必要があります（相続税法21条の9第2項）。

（山崎　信義）

第6章 事業承継税制その他事業承継にかかる税制の特例

★★★
事業承継税制の「特例措置」の概要

非上場株式等にかかる贈与税・相続税の納税猶予・免除制度（事業承継税制）の「特例措置」の概要について教えてください。

平成30年度税制改正では、従来の事業承継税制（以下「一般措置」）は維持したまま、10年間限定でその特例措置が創設されることになりました。よって、平成30年1月1日より10年間は2種類の事業承継税制が併存することになります。

特例措置は、おおむね一般措置より納税者に有利な取扱いとなるため、今後10年間は特例措置を適用した事業承継税制が多く活用されることが予想されます。

解説

1 事業承継税制の特例措置の概要

平成30（2018）年1月1日から令和9（2027）年12月31日までの10年間に、後継者（特例後継者）が、非上場会社（特例認定承継会社）の代表者等から、贈与または相続もしくは遺贈（以下「贈与等」）により非上場株式（議決権について制限のないものに限ります。）を取得した場合、一定の要件を満たすことにより、その取得した全株式にかかる贈与税または相続税の全額の納税を猶予することができます（租税特別措置法70条の7の5第1項、70条の7の6第1項）。これが事業承継税制の特例措置です。特例措置では一般措置に比べて次の図のとおり納税猶予の対象株式数の上限が撤廃され、相続税の猶予割合が引上げられました。

図表1　一般措置・特例措置の対象株式等の数と納税猶予割合

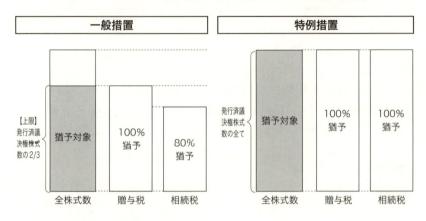

2　特例承継計画の提出要件

　事業承継税制の特例措置を適用するためには、平成30（2018）年4月1日から令和5（2023）年3月31日までの間に、会社が「特例承継計画」を都道府県知事に提出してその確認を受け（経営承継円滑化法施行規則17条）、その後経営承継円滑化法12条第1項の認定を受ける必要があります（租税特別措置法70条の7の5第1項、第2項1号、70条の7の6第1項、第2項。以下この認定を受けた会社を「特例認定承継会社」という）。特例承継計画とは、特例認定承継会社の後継者、承継時までの経営見通し等が記載された株式の承継計画であり、会社は当該計画を作成するにあたり、認定経営革新等支援機関の指導および助言を受けなければならないことになっています（詳細は本章Q57参照）。

図表2　特例措置の適用期間と特例承継計画の提出期間

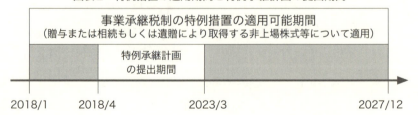

第6章 事業承継税制その他事業承継にかかる税制の特例

③ 適用要件

　事業承継税制の特例措置では、本章Q51、Q52の一般措置の規定を基礎としつつも、②の特例承継計画の提出要件以外の下記の項目において適用要件等が緩和されています。なお特例措置は、従来の一般措置の「特例」という位置づけのため、各用語に「特例」という用語が冠されています（特例後継者、特例認定承継会社、特例承継計画等）。

1　特例後継者（受贈者・相続人等）の主な要件

　特例後継者は、最大3名（ただし、3名は同族関係者に限定）までを対象とすることが可能です。後継者が1名の場合と2名または3名の場合においては、次のとおり後継者の保有すべき議決権数に違いがあります。

⑴　「後継者が1名の場合」の要件

　後継者と特別の関係にある者の中で最も多くの議決権数を保有すること

⑵　「後継者が2名または3名の場合」の要件

　総議決権数の10%以上の議決権数を保有し、かつ、後継者と特別の関係にある者（他の後継者を除く。）の中で最も多くの議決権数を保有すること（租税特別措置法70条の7の5第2項6号、70条の7の6第2項7号）。

2　先代経営者等（贈与者・被相続人）の要件

　特例後継者が、特例認定承継会社の代表者以外の者（例えば代表者の妻や兄弟など）から贈与等により取得する株式についても、特例措置の対象にすることができます（なお、特例措置の対象株式にかかる贈与者の要件については本章Q55、被相続人の要件については本章Q56を参照ください）。

215

3　特例措置の適用対象となる贈与・相続の要件

　事業承継税制の特例措置については、①のとおり平成30年1月1日から令和9年12月31日までの間の非上場株式の贈与等であることが要件とされます。

　また、事業承継税制の適用を受けようとする者が、その会社の株式について既に特例措置の適用を受けている場合には、最初のその適用にかかる贈与・相続等の日から特例経営（贈与）承継期間^(注)の末日までの間に贈与税・相続税の申告期限が到来する非上場株式の贈与・相続等であることが要件となります（租税特別措置法70条の7の5第1項かっこ書き、70条の7の6第1項かっこ書き）。

　例えば、後継者の長男が先代経営者である父から平成30年8月1日に贈与を受け、非上場の自社株式について贈与税の特例措置の適用を受ける場合、その特例経営贈与承継期間の末日は、その贈与税の申告期限の翌日（平成31年3月16日）以後5年を経過する日である令和6年3月15日です。

　長男が、父からの贈与の後に母からも自社株式の贈与を受け、贈与税の特例措置の適用を受けるためには、上記の特例経営贈与承継期間の末日である令和6年3月15日までに、その贈与にかかる贈与税の申告期限が到来する必要があり、このためには令和5年12月31日までに母から自社株式の贈与を受ける必要があります。

（注）特例承継期間（特例経営贈与承継期間・特例経営承継期間）の意義
　　［1］特例経営贈与承継期間の意義
　　　　贈与税の特例措置の要件にかかる「特例経営贈与承継期間」とは、次の(1)の開始の日から(2)の終了の日までの期間をいいます（租税特別措置法70条の7の5第2項7号）。
　　　(1)　開始の日
　　　　　贈与税の特例措置の適用にかかる贈与の日の属する年分の贈与税の申告書の提出期限の翌日（通常は、贈与の日を含む年の翌年3月16日）
　　　(2)　終了の日

第6章　事業承継税制その他事業承継にかかる税制の特例

次の①または②のいずれか早い日をいいます。

①　次のイもしくはロのいずれか早い日

イ．その特例経営承継受贈者の最初の贈与税の特例措置の適用にか
かる贈与の日の属する年分の贈与税の申告書の提出期限の翌日
（通常は、最初の贈与税の特例措置の適用にかかる贈与の日を含
む年の翌年3月16日）以後5年を経過する日

ロ．その特例経営承継受贈者の最初の相続税の特例措置の適用にか
かる相続税の申告書の提出期限（最初の相続税の特例措置の適用
にかかる相続開始の日の翌日から10ヶ月を経過する日）の翌日
以後5年を経過する日

②　次のイもしくはロの前日

イ．その贈与税の特例措置の適用を受ける特例経営承継受贈者の死
亡の日

ロ．その特例経営承継受贈者にかかる特例贈与者の死亡の日

[2] 特例経営承継期間の意義

相続税の特例措置の要件にかかる「特例経営承継期間」とは、次の(1)の開
始の日から(2)の終了の日までの期間をいいます(同70条の7の6第2項6号)。

(1)　開始の日

相続税の特例措置の適用にかかる相続税の申告書の提出期限（相続
開始の日の翌日から10ヶ月を経過する日）の翌日

(2)　終了の日

次の①または②のいずれか早い日をいいます。

①　次のイまたはロのいずれか早い日

イ．その特例経営承継相続人等の最初の相続税の特例措置の適用に
かかる相続税の申告書の提出期限（通常は、最初の相続税の特例
措置の適用にかかる相続開始の日の翌日から10ヶ月を経過する
日）の翌日以後5年を経過する日

ロ．その特例経営承継相続人等の最初の贈与税の特例措置の適用に
かかる贈与の日の属する年分の贈与税の申告書の提出期限の翌日
（通常は、最初の贈与税の特例措置の適用にかかる贈与の日を含

217

む年の翌年3月16日）以後5年を経過する日
② 相続税の特例措置の適用を受ける特例経営承継相続人等の死亡の日の前日

④ 納税猶予される贈与税額・相続税額

(1) 納税を猶予される贈与税額は、本章Q52「③ **納税猶予される贈与税額**」と同じ手順で計算した金額となります（租税特別措置法70条の7の5第2項8号、租税特別措置法施行令40条の8の5第15項、40条の8第12項〜15項）。

(2) 納税を猶予される相続税額は、次の手順で計算した金額となります（租税特別措置法70条の7の6第2項8号、租税特別措置法施行令40条の8の6第16項）。

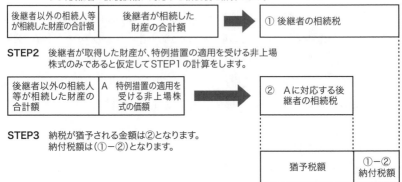

出典：国税庁「非上場株式等についての贈与税・相続税の納税猶予・免除（法人版事業承継税制）のあらまし」

⑤ 雇用確保要件の弾力化

贈与税・相続税の納税猶予の適用を継続するためには、一般措置では、特例承継期間（贈与等の申告期限から原則5年）内における常時使用従業員数の平均値が、相続開始（贈与）時の従業員数の80％以

上を確保することが要件とされており、確保できない場合は納税猶予が打切りとなります（租税特別措置法70条の7第3項、70条の7の2第3項等）。

　一方、特例措置では、雇用確保要件を満たさない場合であっても、一定の要件を満たす場合には納税猶予が打切りにならないこととされました（同70条の7の5第3項、70条の7の6第3項、詳細は本章Q58参照）。

⑥　減免制度の創設

　特例承継期間経過後に、事業の継続が困難な一定の事由が生じた場合に特例措置の適用にかかる非上場株式等の譲渡等をした場合には、その対価の額（譲渡等の時の相続税評価額の50％相当額が下限）を基に再計算した贈与（相続）税額等を再計算し、再計算した税額が当初の納税猶予税額を下回る場合には、その差額は免除されます（租税特別措置法70条の7の5第12項、70条の7の6第13項等。本章Q59参照）。

⑦　直系尊属以外からの贈与について相続時精算課税制度の適用

　贈与税の相続時精算課税制度の適用を受ける際には、原則として贈与者は受贈者の直系尊属である親、祖父母等であることが必要です。ただし、贈与税の特例措置を適用する際に相続時精算課税制度を併用する場合には、特例後継者が20歳以上である場合に限り、直系尊属ではない60歳以上の贈与者から特例後継者が受ける対象会社株式の贈与について、相続時精算課税制度の適用を受けることができます（租税特別措置法70条の2の7・本章Q53参照）。

⑧　特例措置のその他の要件

　一般措置（本章Q51、Q52）と同様の取扱いとなります。

（芦沢　亮介）

★★★ 贈与税の特例措置の適用を受けるための「贈与者」の要件

Q55

贈与税の特例措置の適用を受けるための贈与者の要件について教えてください。

贈与者の要件は、一言で言えば、「特例贈与者」に該当しなければならない、ということです。下記の解説で、そのためにそのすべてを満たさなければならない要件を列挙します。なお、一の株式の贈与で特例贈与者になることは1回だけです。

解説

1 特例贈与者に該当するための要件・その1

特例贈与者とは、「この特例の対象となりうる株式（対象株式）を有していた個人で、政令（租税特別措置法施行令）で定めるもの」をいいます（租税特別措置法70条の7の5第1項）が、同法第1項自体も一つ要件を定めています。それは、その対象株式につき〈既にこの特例の適用にかかる贈与をしているもの〉は対象外である、ということです。つまり、一の株式の贈与で特例贈与者になることは1回だけということですが、この要件を一部弾力的に解釈することを認める通達があります。

租税特別措置法通達70の7の5-2（注）によると、特例経営承継受贈者（租税特別措置法70条の7第2項6号・本章Q54参照）が2人又は3人である場合に、同一年中に、これらの特例経営承継受贈者に、この特例の適用にかかる非上場株式等の贈与を2回又は3回以上に分けて行う場合の贈与者は、その2回目（2人目）以降の贈与について（1回目・1人目の贈与を既にしていることにより）上記「既に同条第1項の規定の適用にかかる贈与をしているもの」とは扱われま

第6章　事業承継税制その他事業承継にかかる税制の特例

せん。つまり、同一年中の2回目（2人目）以降の贈与についても、下記②の要件を満たせば「特例贈与者」となります。

　なお、特例経営承継受贈者が1人の場合は、上記通達の書きぶりによれば、先代経営者などの贈与者がその1人に複数回に分けて贈与をすると、2回目以降の贈与が同一年中に行われても、その2回目以降の贈与については「既に同条第1項の規定の適用にかかる贈与をしているもの」とされると思われます。

②　特例贈与者に該当するための要件・その2

　特例贈与者のその他の要件は、政令40条の8の5第1項で定められています。そこでは、特例贈与者を「次の各号に掲げる場合の区分に応じ当該各号に定める者」としていて、1号と2号の2つの「場合」を定めているので、まず、対象株式を後継者に贈与する時に、どちらの'場合'に当たるかを判断する必要があります。1号は2号より先に出てくるのに「次号に掲げる場合以外の場合」となっているので、先に「次号」＝2号の場合を見にいかなければなりません。2号は、この特例の適用を受けようとする贈与の直前に、次の3者のいずれかがいる場合、となっているので、次のイ、ロまたはハの者（のいずれか）が既にいる状況で贈与を行おうとしている場合（の贈与者）は、2号に掲げる場合に該当する、ということです。そして、2号は、その場合の「特例贈与者」を単に対象株式を有していた個人としているので、代表権を有していたかどうかなどは不問で、結局、株主ならだれでもOKということです。

　イ：対象株式について、贈与税の特例措置、相続税の特例措置またはみなし相続の特例措置の適用を受けている者

　ロ：1号に定める者からこの特例の適用にかかる贈与によりその会社の株式の取得をしている者（イの者を除く。）

　　この「1号に定める者」とは、1号の「場合」に当たるか否

かは棚上げにして、この特例にかかる贈与の前に、その会社の代表権を有していた個人で、次に掲げる3要件の全てを満たすものです。

① この贈与の直前（その個人がこの贈与の直前にその会社の代表権を有しない場合には、その個人が代表権を有していた期間内のいずれかの時およびこの贈与の直前）において、その個人及びその個人と特別の関係がある者（親族等の個人、その個人やその親族等が株主となって一定の支配をしている他の会社がこれに当たります。次の②も同じ。）の有する対象株式にかかる議決権の数の合計が、その会社の総株主（株主総会の決議事項の全部につき議決権を行使できない株主を除く）の議決権数の50％超であること。

② この贈与の直前（その個人がこの贈与の直前にその会社の代表権を有しない場合には、その個人が代表権を有していた期間内のいずれかの時及び当該贈与の直前）において、その個人が有するその会社の株式にかかる議決権の数が、その個人と特別の関係がある者（ここでは、この特例の適用のための要件を満たす、その会社の後継者となる者は除きます。）のいずれの者が有するその会社の株式にかかる議決権の数に対しても下回らないこと。

③ 当該贈与の時において、その個人がその会社の代表権を有していないこと。

　結局、「1号に定める者」の具体的イメージは、その会社の先代の（筆頭株主であった）オーナー経営者（代表者）で、問題の贈与の前に、既に後継者にその会社の株式を贈与し代表権を譲っている人ということですから、回の者は、「1号に定める者」≒その会社の先代のオーナー経営者からこの特例の適用をする予定の贈与を受けているその後継者のことです。

ハ：政令40条の8の6第1項1号に定める者（簡単にいうと、ロの「1
号に定める者」の被相続人版で、亡くなる前までオーナー経営
者だった人）から相続税の特例措置における相続又は遺贈によ
りその対象会社の株式の取得をしている者（イの者を除く。）

イ、ロ又はハのいずれの者もいない場合（これは、先行してこの特
例や相続税の特例措置などを受けている・受ける予定の贈与や相続等
が生じていない場合を意味します。）に行われる贈与は、2号の場合
に該当しないので、1号に回り、同号により上記ロの下線部の個人で
あることが、特例贈与者に該当する要件になります。例えば、対象会
社の株式を有するものの代表歴のない母親が、代表歴のある父親に先
立って後継者である子に対象株式の贈与をした場合、母親は特例贈与
者に該当しないことになります。

（亀山　孝之）

★★★ 相続税の特例措置の適用を受けるための「被相続人」の要件

Q56

相続税の特例措置の適用を受けるための被相続人の要件について教えてください。

被相続人の要件は、一言で言えば、「特例被相続人」に該当しなければならない、ということです。下記の解説で、そのためにそのすべてを満たさなければならない要件を列挙します。

解説

特例被相続人とは、「この特例の対象となりうる株式（対象株式）を有していた個人で、政令（租税特別措置法施行令）で定めるもの」をいいます（租税特別措置法70条の7の6第1項）。

特例被相続人の具体的な要件は、政令40条の8の6第1項で定められています。そこでは、特例被相続人を「次の各号に掲げる場合の区分に応じ当該各号に定める者」としていて、1号と2号の2つの「場合」を定めているので、まず、対象株式を後継者が相続または遺贈（以下「相続等」という。）により取得する時に、どちらの'場合'に当たるかを判断する必要があります。1号は2号より先に出てくるのに「次号に掲げる場合以外の場合」となっているので、先に「次号」＝2号の場合を見にいかなければなりません。2号は、この特例の適用を受けようとする相続の開始の直前に、次のイ、ロまたはハのいずれかがいる場合、となっているので、イ、ロまたはハの者（のいずれか）が既にいる状況で相続が開始している場合（の被相続人）は、2号に掲げる場合に該当する、ということです。そして、2号は、その場合の「特

第6章 事業承継税制その他事業承継にかかる税制の特例

例被相続人」を単に対象株式を有していた個人としているので、代表権を有していたかどうかなどは不問で、結局、株主ならだれでもOKということです。

イ：対象株式について、すでに贈与税の特例措置、相続税の特例措置またはみなし相続の特例措置の適用を受けている者

ロ：政令40条の8の5第1項（以下「贈与税政令」）1号に定める者から、贈与税の特例措置の適用にかかる贈与により株式を取得している者（イの者を除く。）

この「1号に定める者」とは、贈与税の特例措置の適用にかかる贈与の前に、その会社の代表権を有していた個人で、次に掲げる3要件の全てを満たすものをいいます。

①　この贈与の直前（その個人がこの贈与の直前にその会社の代表権を有しない場合には、その個人が代表権を有していた期間内のいずれかの時及びこの贈与の直前）において、その個人及びその個人と特別の関係がある者（親族等の個人、その個人やその親族等が株主となって一定の支配をしている他の会社がこれに当たります。次の②も同じ。）の有する対象株式にかかる議決権の数の合計が、その会社の総株主（株主総会の決議事項の全部につき議決権を行使できない株主を除く）の議決権数の50％超であること。

②　この贈与の直前（その個人がこの贈与の直前にその会社の代表権を有しない場合には、その個人が代表権を有していた期間内のいずれかの時及び当該贈与の直前）において、その個人が有するその会社の株式にかかる議決権の数が、その個人と特別の関係がある者（ここでは、この特例の適用のための要件を満たす、その会社の後継者となる者は除きます。）のいずれの者が有するその会社の株式にかかる議決権の数に対しても下回らないこと。

225

③　当該贈与の時において、その個人がその会社の代表権を有していないこと。

　結局、「1号に定める者」の具体的イメージは、その会社の先代の（筆頭株主であった）オーナー経営者（代表者）ということですから、ロの者は、「1号に定める者」≒その会社の先代のオーナー経営者から贈与税の特例措置の適用をする予定の贈与を受けているその後継者のことです。

　ハ：政令40条の8の6第1項1号に定める者（簡単にいうと、ロの贈与税政令の「1号に定める者」の被相続人版で、亡くなる前にオーナー経営者だった人）から相続税の特例措置における相続又は遺贈によりその会社の株式の取得をしている者（イの者を除く。）

　イ、ロ又はハのいずれの者もいない場合（これは、先行して相続税の特例措置や贈与税の特例措置などを受けている・受ける予定の相続等や贈与が生じていない場合を意味します。）に開始した相続は、2号の場合に該当しないので、1号に回り、同号により上記ハの下線部の個人でなければ、特例被相続人に該当しないことになります。例えば、代表歴のある父親から後継者の子に対象株式の贈与をする前に、その会社の株式を有するものの代表歴のない母親の相続が開始した場合、母親は特例被相続人に該当しないことになります。

（山崎　信義）

第6章 事業承継税制その他事業承継にかかる税制の特例

★★★
特例承継計画の概要

Q57

事業承継税制の特例措置を適用する際に、会社が作成する必要がある「特例承継計画」についてその概要を教えてください。

事業承継税制の特例措置は、平成30(2018)年1月1日から令和9(2027)年12月31日までの間(10年間)の贈与または相続もしくは遺贈(以下「贈与等」)により取得する非上場株式等について適用されますが、特例措置を適用するには、平成30(2018)年4月1日から令和5(2023)年3月31日までの間(5年間)に、会社が「特例承継計画」を作成して都道府県知事に提出し、「確認」を受ける必要があります。

例えば、令和9年12月に株式の贈与を予定していたとしても、令和5年3月31日までに都道府県知事による特例承継計画の確認を受けなければならないことになります。

解説

1 事業承継税制の特例措置を適用するための手続

事業承継税制の特例措置を適用するための手続の流れは、次の1～4のとおりです。

1 会社が特例承継計画を作成し(認定経営革新等支援機関による指導および助言についても記載)、都道府県知事に提出する。
【→都道府県知事が特例承継計画の内容を「確認」する。】
2 先代経営者等から後継者に株式を承継(贈与または相続)させる。
3 会社が都道府県知事に対して認定の申請を行う。
【→都道府県知事が特例承継計画に基づく事業承継について「認定」をする】

4 後継者が、「特例承継計画」「認定書」の写しを添付して、贈与税・相続税の税務申告を行う（納税猶予の開始）。
　なお、株式の承継の前に特例承継計画を提出することができなかった場合であっても、3の都道府県知事への認定の申請を行う際に、併せて特例承継計画を提出することも可能です。

図表　事業承継税制の特例措置を適用するための手続

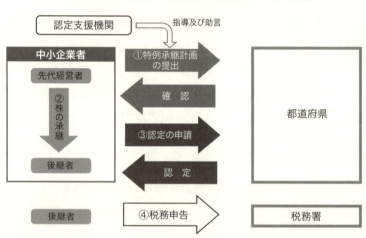

出典：中小企業庁「特例承継計画に関する指導及び助言を行う機関における事務について」

2 特例承継計画とは

　特例承継計画とは、特例認定承継会社の後継者および承継時までの経営見通し等が記載された株式の承継計画をいいます。会社は特例承継計画を作成するにあたり、認定経営革新等支援機関(注)の指導および助言を受ける必要があります。事業承継税制の特例措置の適用を受けるためには、平成30年4月1日から令和5年3月31日までの間に、会社が特例承継計画を作成して都道府県知事に提出し、その確認を受けなければなりません。
(注)「認定経営革新等支援機関」とは、税務、金融および企業の財務に関する専門的知識（または同等以上の能力）を有し、これまで経営革新

計画策定等の業務について一定の経験年数を持つものとして、中小企業等経営強化法21条に基づき国が認定した機関や人をいいます（経営承継円滑化法施行規則16条第1項1号かっこ書）。具体的には、商工会や商工会議所などの中小企業支援者のほか、金融機関、税理士、公認会計士、弁護士等が主な認定支援機関として認定されています（中小企業庁「認定経営革新等支援機関による支援のご案内」を基に作成）。

③ 特例承継計画における記載事項

特例承継計画の作成に当たっては、所定の様式「**様式第21**（図表参照）」を利用し、次の事項を記載する必要があります。中小企業庁作成の「特例承継計画に関する指導及び助言を行う機関における事務について」（以下「マニュアル」）を基に、特例承継計画の記載事項のポイントをまとめると、次のとおりとなります。

1 会社の記載事項

⑴ 会社について

経営承継円滑化法の認定を受けようとする会社の名称を記載します。

⑵ 特例代表者について

保有する株式を承継する予定の代表者の氏名と代表権の有無を記載します。

（注）特例代表者とは、特例承継計画提出時にその会社の株式を保有し、かつ、その会社の代表者である者（代表権を制限されている者を除きます。）または代表者であった者をいいます（経営承継円滑化法施行規則16条1号ハ）。

⑶ 特例後継者について

特例代表者から株式を承継する予定の後継者の氏名を記載します（最大3名まで）。特例後継者として氏名を記載された人でなければ、事業承継税制の特例措置の認定を受けることはできません。

（注）特例後継者とは、次に掲げるいずれかの者（その者が2人または3人

以上ある場合は3人）をいいます（経営承継円滑化法施行規則16条1号ロ）。

① その会社の代表者（代表者であった者を含みます。）が死亡又は退任した場合における新たな代表者の候補者であって、その代表者から贈与または相続もしくは遺贈により、その代表者が有するその会社の株式等を取得することが見込まれるもの

② その会社の代表者であって、その中小企業者の他の代表者（代表者であった者を含みます。）から相続もしくは遺贈または贈与により、その会社の株式を取得することが見込まれるもの

⑷ **特例代表者が有する株式等を特例後継者が取得するまでの期間における経営の計画について**

「株式を承継する時期」「当該時期までの経営上の課題」「当該課題への対処方針」について記載します。ただし、株式等の贈与後・相続後に本計画を作成する場合や、既に先代経営者が役員を退任している場合には記載不要です。

⑸ **特例後継者が株式等を承継した後5年間の経営計画**

特例後継者が実際に事業承継を行った後の5年間で、どのような経営を行っていく予定か、具体的な取組内容を記載します。この事業計画は必ずしも設備投資・新事業展開や、売上目標・利益目標についての記載を求めるものではありません。後継者が、先代経営者や認定経営革新等支援機関とよく相談の上、後継者が事業の持続・発展に必要と考える内容を自由に記載することができます。

2 認定経営革新等支援機関の記載事項

「【別紙】認定経営革新等支援機関による所見等」に、次の事項を記載します。

① 認定経営革新等支援機関の名称

② 指導・助言を行った年月日

③　認定経営革新等支援機関による指導・助言の内容

→会社が作成した特例承継計画について、認定経営革新等支援機関の立場から、事業承継を行う時期や準備状況、事業承継時までの経営上の課題とその対処方針、事業承継後の事業計画の実現性など、円滑な事業承継を後押しするための指導および助言を行い、その内容を記載します。

4　特例承継計画の変更

　特例承継計画の確認を受けた後に、計画の内容に変更があった場合は、変更申請書「様式第24」を都道府県知事に提出し確認を受けることができます。変更申請書には、変更事項を反映した計画を記載し、再度認定経営革新等支援機関による指導および助言を受けることが必要となります。

　「マニュアル」を基に、特例承継計画の変更時の注意点をまとめると、次のとおりとなります。

【変更時の注意点】

①　特例後継者が事業承継税制の適用を受けた後は、当該特例後継者を変更することはできません（特例後継者を2名または3名記載した場合であって、まだ株式の贈与・相続が行われていない者がいる場合は、当該特例後継者に限って変更することが可能です）。

②　特例後継者として特例承継計画に記載されていない者は、経営承継円滑化法の特例の認定を受けることはできません。

③　特例承継計画を新たに提出できるのは令和5年3月31日までですが、令和5年4月1日以降であっても既に提出した特例承継計画を変更することは可能です。

(芦沢　亮介)

図表「様式第21」の記載例

(出典:中小企業ホームページ)

様式第21

施行規則第17条第2項の規定による確認申請書
(特例承継計画)

●●●●年●月●日

●●県知事 殿

郵 便 番 号 000-0000

会 社 所 在 地 ●●県●●市…

会 社 名 中小鋳造株式会社

電 話 番 号 ***-***-****

代表者の氏名 中小 一郎 印

　中小企業における経営の承継の円滑化に関する法律施行規則第17条第1項第1号の確認を受けたいので、下記のとおり申請します。

記

1　会社について

主たる事業内容	銑鉄鋳物製造業
資本金額又は出資の総額	50,000,000 円
常時使用する従業員の数	75人

2　特例代表者について

特例代表者の氏名	中小 太郎
代表権の有無	□有 ☑無(退任日 平成29年3月1日)

3　特例後継者について

特例後継者の氏名 (1)	中小 一郎
特例後継者の氏名 (2)	
特例後継者の氏名 (3)	

第6章 事業承継税制その他事業承継にかかる税制の特例

4　特例代表者が有する株式等を特例後継者が取得するまでの期間における経営の計画について

株式を承継する時期（予定）	平成30年10月
当該時期までの経営上の課題	➢ 工作機械向けパーツを中心に需要は好調だが、原材料の値上がりが続き、売上高営業利益率が低下している。 ➢ また、人手不足問題は大きな課題であり、例年行っている高卒採用も応募が減ってきている。発注量に対して生産が追いつかなくなっており、従業員が残業をして対応している。今年からベトナム人研修生の受け入れを開始したが、まだ十分な戦力とはなっていない。
当該課題への対応	➢ 原材料値上がりに伴い、発注元との価格交渉を継続的に行っていく。合わせて、平成30年中に予定している設備の入れ替えによって、生産効率を上げコストダウンを図っていく。 ➢ 人材確保のため地元高校での説明会への参加回数を増やし、リクルート活動を積極的に行う。またベトナム人研修生のスキルアップのために、教育体制を見直すとともに、5S の徹底を改めて行う。

5　特例後継者が株式等を承継した後5年間の経営計画

実施時期	具体的な実施内容
1年目	・設計部門を増強するとともに、導入を予定している新型CAD を活用し、複雑な形状の製品開発を行えるようにすることで、製品提案力を強化し単価の向上を図る。 ・海外の安価な製品との競争を避けるため、BtoB の工業用品だけではなく、鋳物を活用したオリジナルブランド商品の開発（BtoC）に着手する。 ・生産力強化のため、新工場建設計画を策定。用地選定を開始する。
2年目	・新工場用の用地を決定、取引先、金融機関との調整を行う。 ・電気炉の入れ替えを行い、製造コストの低下を図る。 ・オリジナルブランド開発について一定の結論を出し、商品販売を開始する。

3年目	・新工場建設着工を目指す。 ・3年目を迎える技能実習生の受け入れについて総括を行い、人材採用の方向性について議論を行う。
4年目	・新工場運転開始を目指すとともに、人員配置を見直す。増員のための採用方法については要検討。 ・少数株主からの株式の買い取りを達成する。
5年目	・新工場稼働による効果と今後の方向性についてレビューを行う。

（備考）

① 用紙の大きさは、日本工業規格A4 とする。

② 記名押印については、署名をする場合、押印を省略することができる。

③ 申請書の写し（別紙を含む）及び施行規則第17 条第2 項各号に掲げる書類を添付する。

④ 別紙については、中小企業等経営強化法に規定する認定経営革新等支援機関が記載する。

（記載要領）

① 「2 特例代表者」については、本申請を行う時における申請者の代表者（代表者であった者を含む。）を記載する。

② 「3 特例後継者」については、該当するものが一人又は二人の場合、後継者の氏名（2）の欄又は（3）の欄は空欄とする。

③ 「4 特例代表者が有する株式等を特例後継者が取得するまでの期間における経営の計画」については、株式等を特例後継者が取得した後に本申請を行う場合には、記載を省略することができる。

第6章　事業承継税制その他事業承継にかかる税制の特例

（別紙）

認定経営革新等支援機関による所見等

1　認定経営革新等支援機関の名称等

認定経営革新等支援機関の名称	●●商工会議所　　印
（機関が法人の場合）代表者の氏名	中小企業相談所長 △△　　△△
住所又は所在地	●●県●●市●－●

2　指導・助言を行った年月日
　　　　　　平成30年6月4日

3　認定経営革新等支援機関による指導・助言の内容

大半の株式は先代経営者である会長が保有しているが、一部現経営者の母、伯父家族に分散しているため、贈与のみならず買い取りも行って、安定した経営権を確立することが必要。

原材料の値上げは収益力に影響を与えているため、業務フローの改善によりコストダウンを行うとともに、商品の納入先と価格交渉を継続的に行っていくことが必要。原材料価格の推移をまとめ、値上げが必要であることを説得力を持って要求する必要がある。

新工場建設については、取引先の増産に対応する必要があるか見極める必要あり。最終商品の需要を確認するとともに、投資計画の策定の支援を行っていく。

なお、税務面については顧問税理士と対応を相談しながら取り組みを進めていくことを確認した。

★★★
相続税の特例措置における「雇用確保要件の弾力化」

Q58

相続税の特例措置における「雇用確保要件の弾力化」について教えてください。

POINT　　相続税の特例措置においては、相続税の一般措置における「雇用確保要件」（後述）が納税猶予の打切り事由から除外されました。ただし、雇用確保要件を満たさない場合には、都道府県知事への報告が求められ、その報告をしない等の場合には納税猶予が打切りとなります。

解説

① 相続税の一般措置における雇用確保要件

1 相続税の一般措置の概要

中小企業における経営の承継の円滑化に関する法律に規定する「中小企業者」に該当する会社で、同法による都道府県知事の認定を受けたもの（「認定承継会社」）の株式等を、その会社の代表権を有していた被相続人（先代経営者）から相続または遺贈（以下「相続等」）により取得した個人が、その先代経営者の後継者として「経営承継相続人等」に当たる場合、その経営承継相続人等が納付すべき相続税額の納税が、贈与者の死亡の日まで猶予されます（租税特別措置法70条の7の2第1項）。納税猶予税額は、その経営承継相続人等の死亡等の事由が生じた場合、原則、その全部又は一部が免除されます（同第16項）。

経営承継相続人等が上記の相続税の納税猶予税額が免除される時までに、認定承継会社が後述2の雇用確保要件を満たさなくなった等の一定の事由が生じた場合、原則として納税猶予の打切りとなり、その

第6章　事業承継税制その他事業承継にかかる税制の特例

事由に応じた各期限までに、納税猶予税額の全部又は一部を利子税と併せて納付する必要があります（同第3項等）。

2　雇用確保要件

雇用確保要件は、納税猶予制度の創設時の中小企業における雇用確保という政策目的のため、認定承継会社における経営承継期間（本章Q51参照）中の常時使用従業員の数の平均値が、先代経営者から贈与を受けた時の常時使用従業員数の8割以上の数を保つことを、上記1の相続税の納税猶予を継続して認める要件として求めるものです。このため雇用確保要件を満たさない場合は、その経営贈与承継期間の末日から2ヶ月を経過する日が納税猶予の期限となり、同日までに納税猶予税額の全部又は一部を納付する必要があります（租税特別措置法70条の7の2第3項2号）。

なお贈与税の一般措置においても、同様の取扱いとなります（同70条の7第3項2号）

②　相続税の特例措置における雇用確保要件の弾力化

1　雇用確保要件を満たさない場合の納税猶予の継続

平成30年度税制改正で創設された相続税の特例措置においては、最近の中小企業における求人難を背景に、前述①1の雇用確保要件が納税猶予の打切り事由から除外されました（租税特別措置法70条の7の6第3項かっこ書）。このため、その雇用確保要件を満たさない場合であっても、納税猶予の期限は確定せず、納税猶予が継続されます。なお贈与税の特例措置においても、同様の取扱いとなります（同70条の7の5第3項かっこ書）。

2　都道府県知事への報告

上記1の雇用確保要件を満たさない場合には、その理由について都

237

道府県知事の確認を受ける必要があります（経営承継円滑化法施行規則20条第1項）。

この確認を受ける場合には、「特例承継計画に関する報告書」を都道府県に提出する必要があります（同第3項）。なお、雇用確保要件を満たさなくなった理由について認定経営革新等支援機関（本章Q57参照）の所見の記載があり、その理由が経営状況の悪化である場合又は認定経営革新等支援機関が正当なものと認められないと判断したものである場合には、特例承継計画に関する報告書に、その認定経営革新等支援機関による指導及び助言を受けた旨の記載が必要です（同かっこ書）。

3 2の報告をしない場合等の納税猶予の打切り

都道府県知事が2の報告にかかる確認をした場合には、特例認定承継会社に確認書を交付します（経営承継円滑化法施行規則20条第14項）。「特例承継計画に関する報告書」を提出しない、または提出した報告書の記載内容に不備がある場合には、確認書が交付されません。

この確認書と「特例承継計画に関する報告書」の写しは、納税猶予の適用を継続して受けるための届出書（租税特別措置法70条の7の6第7項）に添付すべき書類として定められています（租税特別措置法施行令40条の8の6第27項5号、租税特別措置法施行規則23条の12の3第16項8号）。これらの書類を税務署に提出できない場合には、届出義務を果たさないことによる納税猶予の打切りとなります（租税特別措置法70条の7の6第9項）ので、注意が必要です。

（山崎　信義）

第6章 事業承継税制その他事業承継にかかる税制の特例

事業の継続が困難な事由が生じた場合の納税猶予税額の免除

Q59

事業の継続が困難な事由が生じた場合の、事業承継の特例措置にかかる納税猶予税額の免除について教えてください。

特例承継期間経過後に、対象会社について事業の継続が困難な事由として定められている一定の事由が生じた場合において、後継者が対象株式等を譲渡（譲渡または贈与）し、その譲渡した株価が、納税猶予税額を計算したときの株価より下落しているとき等には、贈与税または相続税の納税猶予税額が再計算され、その再計算された金額と当初の納税猶予税額との差額について免除を受けることができます。

解説

1　減免制度の概要

特例承継期間経過後に、後述2の事由が生じた場合において、特例措置の適用を受ける株式を譲渡、合併による消滅、解散する等のときは、一定の要件を満たすことにより、その譲渡または合併の対価の額（その時の相続税評価額の50％相当額が下限）または解散時の相続税評価額を基に再計算した贈与税または相続税額等を納付することとし、再計算した税額が当初の納税猶予税額を下回る場合には、その差額が免除されます（租税特別措置法70条の7の5第12項、70条の7の6第13項）。

図表　減免制度のイメージ図（株式譲渡の場合）

株価総額2億円

株価総額
1.2億円

再計算

納税猶予額
1億円

譲渡額に基づいた
税額0.6億円

承継時　　　　　　　　　　　　　　　　売却時

差額0.4億円は免除

出典：中小企業庁「平成30年度中小企業・小規模事業者関係税制改正について」9頁を基に作成

② 事業の継続が困難な事由

①に記載の事業の継続が困難な一定の事由とは、主に次のとおりです（租税特別措置法70条の7の5第12項、70条の7の6第13項、同施行令40条の8の5第22項、40条の8の6第29項）。

(1)　直前事業年度（①に該当することとなった日の属する事業年度の前事業年度）およびその直前の3事業年度のうち2以上の事業年度において、対象会社の経常損益金額が零未満であること。

(2)　直前事業年度およびその直前の3事業年度のうち2以上の事業年度において、対象会社の平均総収入金額（総収入金額のうち営業外収益・特別利益以外の金額を、事業年度の月数で除した金額）が前事業年度のそれを下回ること。

(3)　直前事業年度終了の日における有利子負債の帳簿価額が、その直前事業年度の平均総収入金額に6を乗じた金額以上であること。

(4)　次に掲げる事由のいずれかに該当すること。

イ　直前事業年度の終了の日の1年前の日の属する月から同月以後1年を経過する月までの期間（「判定期間」）の対象会社の事業が該当する業種の上場会社の株価（「業種平均株価」）が、その開始前1年間（「前判定期間」）における業種平均株価を下回ること。

ロ　前判定期間における業種平均株価が、前判定期間の開始前1年間（「前々判定期間」）における業種平均株価を下回ること。

(5)　後継者が心身の不調等により、対象会社の業務に従事できなくなったこと。

③　再減免制度の概要

　特例措置の適用を受ける株式を譲渡または対象会社が合併により消滅する場合において、対価の額がその時の相続税評価額の50％相当額を下回るときは、一定要件を満たすことにより、①で再計算した税額の納付が猶予され、実際の譲渡または合併の対価の額を基に再々計算した贈与税額等を納付することになります。また、①その譲渡等から2年後において事業が継続しており、かつ②①の譲渡の時点で、譲渡等の時の従業員数の半数以上が雇用されている等の場合には、その再々計算した贈与税額と猶予税額の差額が免除されます（租税特別措置法70条の7の5第14項1号、70条の7の6第15項1号）。

（岡　隆充）

★★★ 個人の事業用資産にかかる贈与税・相続税の納税猶予および免除(「個人版事業承継税制」)の概要と、その対象となる「特定事業用資産」

Q60

個人版事業承継税制の概要と、その対象となる「特定事業用資産」について教えてください。

平成31年度税制改正により創設された「個人版事業承継税制」は、後継者が、先代事業者から「特定事業用資産」を贈与または相続もしくは遺贈(「相続等」)により取得した場合に、その特定事業用資産にかかる贈与税・相続税について、一定の要件を満たすことにより納税を猶予し、後継者の死亡等により、猶予されている贈与税・相続税の納付が免除されるという制度です。

この税制の対象となる「特定事業用資産」とは、先代事業者の事業の用に供されていた一定の宅地等、建物、減価償却資産で、その贈与または相続等の日を含む年の前年分の事業所得にかかる一定の青色申告書の貸借対照表に計上されていたものをいいます。

解説

1 個人版事業承継税制の概要

個人版事業承継税制とは、特定事業用資産を所有し、事業(不動産貸付業等を除きます。以下同じ。)を行っていた先代事業者として一定の者(贈与者・被相続人)から、後継者として一定の者(特例事業受贈者・特例事業相続人等)が、平成31(2019)年1月1日から令和10(2028)年12月31日までの贈与または相続等により、その事業にかかる特定事業用資産の全部を取得した場合に、その特定事業用資産にかかる贈与税・相続税について、担保の提供その他一定の要件

を満たすことにより納税が猶予され、後継者の死亡等により猶予され
ている贈与税・相続税の納付が免除される制度をいいます（租税特別
措置法70条の6の8第1項、70条の6の10第1項）。

　なお、贈与者および特例事業受贈者の要件は本章Q61、被相続人
および特例事業相続人等の要件は本章Q62を参照ください。

② 特定事業用資産の意義

1 特定事業用資産の範囲

　「特定事業用資産」とは、先代事業者の事業（<u>不動産貸付業等を除
きます。</u>）の用に供されていた次の資産です。ただし、その贈与また
は相続等の日を含む年の前年分の事業所得にかかる青色申告書（租税
特別措置法25条の2第3項に規定する<u>65万円の青色申告特別控除に
かかるものに限ります。</u>）の貸借対照表に計上されていたものに限り
ます（租税特別措置法70条の6の8第2項1号、70条の6の10第2
項1号、同施行規則23条の8の8第2項等）。

---

(1)　**宅地等**

　事業の用に供されていた土地または土地の上に存する権利で、建物
または構築物の敷地の用に供されているもののうち、棚卸資産に該当
しないもので、面積が400㎡以下の部分。

(2)　**建　物**

　事業の用に供されていた建物で、棚卸資産に該当しないもののうち、
床面積の合計が800㎡以下の部分。

(3)　**減価償却資産**

　(2)以外の減価償却資産で、次のものをいいます。

①　固定資産税が課税される償却資産（構築物、機械装置、器具備品、
　船舶等）

②　自動車税又は軽自動車税において、営業用の標準税率が適用さ
　れる自動車等

③　その他一定のもの（貨物運送用の一定の自動車、乳牛・果樹等
　の生物、特許権等の無形減価償却資産）。

---

2 先代事業者の生計一親族の所有する資産

上記1の「先代事業者」には、先代事業者と生計を一にする配偶者その他の親族が含まれます（租税特別措置法70条の6の8第2項1号かっこ書、70条の6の10第2項1号かっこ書）。したがって、先代事業者が配偶者の所有する土地の上に建物を建て、事業を行っていた場合におけるその土地など、先代事業者と生計を一にする親族が所有する資産のうち上記1(1)〜(3)のいずれかに該当するものについても、特定事業用資産に該当します。

ただし、先代事業者と生計を一にする親族が所有する資産が特定事業用資産に該当するためには、その資産が先代経営者の上記青色申告書に計上されている必要があります（租税特別措置法70条の6の8第2項1号等）。個人が青色申告にかかる貸借対照表に同一生計親族名義の資産を計上する処理は通常は行わないので、今後の取扱いについては国税庁通達等を確認する必要があると思われます。

3 相続税の小規模宅地等の特例の適用を受ける者がいる場合

上記1(1)の宅地等について、先代事業者および先代事業者と生計を一にする親族（以下「先代事業者等」）から相続等により取得した宅地等について、小規模宅地等の特例の適用を受ける者がいる場合は、その適用を受ける小規模宅地等の区分に応じ、相続税の個人版事業承継税制の適用が次のとおり制限されます（租税特別措置法70条の6の10第2項1号イ、2号へ、同施行令40条の7の10第7項）。

適用を受ける小規模宅地等の区分	個人版事業承継税制（相続税）の適用
① 特定事業用宅地等	適用不可
② 特定同族会社事業用宅地等	400㎡－②の面積
③ 貸付事業用宅地等	400㎡－2×（④の面積×200/330＋②の面積×200/400＋③の面積）
④ 特定居住用宅地等	適用制限なし

第6章　事業承継税制その他事業承継にかかる税制の特例

　左図①のとおり、特定事業用宅地等にかかる小規模宅地等の特例と相続税の個人版事業承継税制については併用できず、どちらかを選択することになります。

　個人版事業承継税制は100％納税猶予・免除が可能ですが、後継者が納税猶予を継続し、免除に至るまでには原則として終身の事業継続や資産保有が求められます（本章Q62参照）。小規模宅地等の特例に比べて要件が厳しいため、後継者が相続等による取得する特定事業用資産の価額のうち宅地等がその大半を占める場合には、通常は小規模宅地等の特例を選択するケースが多いと思われます。

《参考》相続税の小規模宅地等の特例

　小規模宅地等の特例とは、個人が相続等により取得した宅地等のうち被相続人又は被相続人と生計を一にしていた被相続人の親族（被相続人等）の事業の用又は居住の用に供されていた一定の宅地等（下記の4区分）について、相続税の申告期限までその宅地等を保有し、事業や居住の用に供するなど一定の要件を満たす場合は、被相続人等にかかる相続税の計算上、一定の面積（限度面積）までの部分につき、その相続税の課税価格を次のとおり減額する特例をいいます（租税特別措置法69条の4）。

相続開始直前における宅地等の用途	小規模宅地等の区分	限度面積	減額割合
①　②および③以外の被相続人等の事業用の宅地等	特定事業用宅地等	400㎡	80%
②　一定の法人に貸付けられ、その法人の事業（貸付事業を除く）用の宅地等	特定同族会社事業用宅地等	400㎡	80%
③　被相続人等の貸付事業用の宅地等	貸付事業用宅地等	200㎡	50%
④　被相続人等の居住用の宅地等	特定居住用宅地等	330㎡	80%

出典：国税庁「個人の事業用資産についての贈与税・相続税の納税猶予・免除（個人版事業承継税制）のあらまし」11頁を基に作成

（山崎　信義）

★★★
贈与税の個人版事業承継税制の適用要件と適用を受けるための手続

Q61

贈与税の個人版事業承継税制（以下「本特例」）の適用要件（特定事業用資産の要件を除く）と適用を受けるための手続について教えてください。

POINT　後継者である個人が本特例の適用を受けるためには、まず令和6年3月31日までに「個人事業承継計画」（後述①1参照）を作成のうえ、その記載事項について都道府県知事の確認を受ける必要があります。後継者および贈与者は、それぞれ本特例の適用を受けるためには後述の一定の要件を満たすことが求められ、その要件を満たすことにつき都道府県知事の認定（後述②1参照）を受ける必要もあります。後継者は、本特例の適用を受ける旨を記載した贈与税の申告を行い、その申告期限までに担保の提供を行うことも必要です。また、納税猶予を継続するためには、一定の届出等の手続を行う必要もあります。

解説

① 本特例の適用要件

1 個人事業承継計画に関する都道府県知事の確認

本特例の適用を受けるためには、後継者である個人が、平成31（2019）年4月1日から令和6（2024）年3月31日までの間に、贈与者の事業を確実に承継するための具体的な計画である「個人事業承継計画」（経営承継円滑化法施行規則16条3号）に関し、一定の要件を満たす者であることについて都道府県知事に確認（経営承継円滑化法施行規則17条第1項3号）を受けることが必要です（租税特別措置

第6章　事業承継税制その他事業承継にかかる税制の特例

法70条の6の8第2項2号ト、同施行規則23条の8の9第4項)。

　上記の確認を受けようとする後継者は、所定の申請書に一定の書類を添付して都道府県知事に提出する必要があります(経営承継円滑化法17条第4項)。その申請書には、後継者候補(個人事業承継者)の氏名、事業承継の予定時期、承継時までの経営見通しや承継の事業計画等を記載し、さらに認定経営革新等支援機関(認定支援機関)による指導および助言を受けた旨を記載します。この申請書の提出先は、先代事業者の主たる事務所の所在地を管轄する都道府県庁です(中小企業庁「個人版事業承継税制の前提となる経営承継円滑化法の認定申請マニュアル」参照)。

2　贈与の内容・範囲

　後継者が本特例の適用を受けるためには、先代事業者等である贈与者から、特定事業用資産(本章Q60参照)の全ての贈与を受ける必要があります(租税特別措置法70条の6の8第1項)。

3　後継者が「特例事業受贈者」であること

　特例事業受贈者とは、後述4の贈与者から贈与により特定事業用資産(本章Q60参照)の取得をした個人で、次に掲げる要件の全てを満たす者をいいます(租税特別措置法70条の6の8第2項2号)。

(1)　その贈与の日において20歳以上[注]であること。

　(注)　令和4年4月1日以後の贈与については、「18歳以上」となります(改正法附則1条11号)。

(2)　その個人が、経営承継円滑化法第2条に規定する中小企業者(第1章Q8参照)に該当し、本特例の適用要件を満たすことにつき同法12条第1項の都道府県知事の認定を受けていること(後述[2]1参照)。

(3)　その贈与の日まで引き続き3年以上にわたり特定事業用資産に

247

かかる事業^(注)に従事していたこと。

> (注) ①その事業と同種または類似の事業にかかる業務、および②その事業に必要な知識および技能を習得するための高等学校、大学等における就学を含みます（租税特別措置法施行規則23条の8の8第5項）。

(4) その贈与の時からその贈与の日を含む年分の贈与税の申告期限まで引き続きその特定事業用資産の全てを有し、かつ、自己の事業の用に供していること。

(5) その贈与の日を含む年分の贈与税の申告期限において、所得税法の規定によりその特定事業用資産に係る事業について開業届出書を提出し、かつ所得税の青色申告の承認（所得税法143条、147条）を受けていること。

(6) その特定事業用資産に係る事業が、その贈与の時において、資産保有型事業および資産運用型事業^(注)ならびにいわゆる風営法が規定する性風俗関連特殊営業のいずれにも該当しないこと。

> (注)「資産保有型事業」とは、原則、贈与の日を含む年の前年1月1日から、その特例事業受贈者の贈与税の納税猶予税額の全額の猶予の期限が確定（猶予の打切り）する日までの期間のいずれかの日において、その日におけるその事業に係る貸借対照表上の総資産の帳簿価額のうち、現預金、有価証券、自ら使用していない不動産その他の資産（以下「特定資産」）の占める割合が70％以上となる事業をいいます（租税特別措置法70条の6の8第2項4号、同施行令40条の7の8第14項）。
>
> 「資産運用型事業」とは、原則、特例受贈事業用資産の贈与の日を含む年の前年1月1日から、その特例事業受贈者の贈与税の納税猶予税額の全額の猶予の期限が確定（猶予の打切り）する日までの期間のいずれかの年において、事業所得に係る総収入金額に占める特定資産の運用収入の合計額の占める割合が75％以上となる事業をいいます（租税特別措置法70条の6の8第2項5

248

第6章　事業承継税制その他事業承継にかかる税制の特例

号、同施行令40条の7の8第17項）。

⑺　前述1の個人事業承継計画の確認（経営承継円滑化法施行規則17条第1項3号）を受けていること等、贈与者の事業を確実に承継すると認められる一定の要件を満たしていること。

4　贈与者が満たすべき要件

本特例の適用を受けるためには、贈与者が次の⑴または⑵のいずれに該当するかに応じて、それぞれに定める要件を満たすことが必要です。

⑴　贈与者が先代事業者の場合

次の①および②の要件の全てを満たす者であることが必要です（租税特別措置法施行令40の7の8第1項1号）。

①　その贈与の時において、所轄の税務署長にその事業を廃止した旨の届出書を提出していること、または本特例にかかる贈与税の申告書の提出期限までにその事業を廃止した旨の届出書を提出する見込みであること。

②　その事業について、その贈与の日を含む年、その前年およびその前々年の所得税の確定申告書を青色申告書（租税特別措置法25条の2第3項に規定する65万円の青色申告特別控除にかかるものに限ります。）により税務署長に提出していること。

⑵　贈与者が先代事業者以外の場合

次の①および②の要件の全てを満たす者であることが必要です（同項2号）。

①　上記⑴の贈与の直前において、⑴の先代事業者と生計を一にする親族であること(注)。

(注)　本特例の適用を受けようとする者が、その贈与の時前に相続または遺贈により取得したその特定事業用資産に係る事業と同一の事業に係る他の資産について、相続税の個人版事業承継税制（本

249

章Q63参照）の適用を受けようとする場合または受けている場合は、その先代事業者である被相続人の相続開始の直前において、その被相続人と生計を一にしていた親族であること。

② 上記(1)の先代事業者の本特例の適用に係る贈与の時後に、その特定事業用資産の贈与をしていること^(注)。

（注）本特例の適用を受けようとする者が、その贈与の時前に相続または遺贈（以下「相続等」）により取得した本特例の適用を受けようとする特定事業用資産にかかる事業と同一の事業に係る他の資産について、相続税の個人版事業承継税制の特例の適用を受けようとする場合または受けている場合には、その先代事業者である被相続人の相続の開始の時後に、その特定事業用資産の贈与＊をしていること。

＊その贈与は、平成31（2019）年1月1日から令和10（2028）年12月31日までの間の贈与で、次の［1］または［2］に掲げる日から1年を経過する日までの贈与に限ります（租税特別措置法70条の6の8第1項かっこ書、同施行令40条の7の8第2項）。

　　［1］本特例の適用にかかる贈与の日

　　［2］本特例の適用を受けようとする者が、本特例に係る贈与の時前に相続等により取得した特定事業用資産にかかる事業と同一の事業にかかる他の資産について、相続税の個人版事業承継税制の適用を受けようとする場合、または受けている場合は、最初の相続税の個人版事業承継税制の適用にかかる相続の開始の日

② 適用を受けるための手続

1 都道府県知事の認定

本特例の適用を受けるためには、後継者が経営承継円滑化法12条第1項の都道府県知事の認定である、「特例円滑化法認定」（租税特別措置法70条の6の8第2項2号ロ）を受ける必要があります（前述①3(2)参照）。この認定の申請は、原則として、その特定事業用資産

第6章　事業承継税制その他事業承継にかかる税制の特例

の贈与のあった日を含む年の翌年1月15日までに、後継者の主たる事務所の所在地を管轄する都道府県知事に対して行います（経営承継円滑化法施行規則7条第10項、第12項）。

この申請の窓口となる都道府県の担当課の連絡先は、中小企業庁のホームページで確認できます。

【中小企業庁ホームページ】

https://www.chusho.meti.go.jp/zaimu/shoukei/2019/190401sh
oukeizeiseimadoguchi.pdf

2　贈与税の申告

後継者は1の都道府県知事の認定を受けた後、贈与税の申告期限までにこの特例の適用を受ける旨を記載した贈与税の申告書に、都道府県知事から交付された前述1の認定書の写しその他一定の書類を添付して提出することが必要です（租税特別措置法70条の6の8第1項、第8項、同施行規則23条の8の8第16項）。

3　担保の提供

2の贈与税の申告書の提出期限までに、納税猶予される贈与税額および利子税の額に見合う担保を提供することが必要です（租税特別措置法70条の6の8第1項）。

4　納税猶予期間中に行うべき手続

特例事業受贈者（後継者）が引き続き納税猶予の適用を受けるためには、その旨および一定の事項を記載した届出書を、届出期限までに税務署長に提出する必要があります（租税特別措置法70条の6の8第9項、同施行令40条の7の8第28項）。

この場合の届出期限とは、特定申告期限[注]の翌日から3年を経過するごとの日の翌日から3ヶ月を経過する日をいいます。

251

この届出書を届出期限までに提出しない場合には、原則として贈与税の納税猶予が打切られ（租税特別措置法70条の6の8第11項）、納税猶予された贈与税額と利子税の額を納付しなければなりません（同第25項）。

（注）特定申告期限とは、特例事業受贈者にかかる①最初の本特例の適用にかかる贈与税の申告期限、または②最初の相続税の個人版事業承継税制（本章Q63参照）の適用にかかる相続税の申告期限のいずれか早い日をいいます（同第6項）。

（山崎　信義）

第6章 事業承継税制その他事業承継にかかる税制の特例

##
贈与税の個人版事業承継税制における納税猶予される贈与税額の計算、猶予の打切りおよび免除

Q62

贈与税の個人版事業承継税制（以下「本特例」）における、納税猶予される贈与税額の計算、猶予の打切りおよび免除の概要について教えてください。

　　後継者が本特例の適用を受ける場合には、その贈与者（本章Q61①4参照）から贈与を受けた特定事業用資産（本章Q60②参照）の課税価格に対応する贈与税の納税が猶予されます。納税が猶予された贈与税額は、後継者（特例事業受贈者）が本特例の適用を受けた特定事業用資産（以下「特例受贈事業用資産」といいます。）を引き続き保有し、その事業を継続すること等の要件を満たすことにより猶予が継続され、要件を満たさなくなった場合には、猶予期限の確定（＝猶予の打切り）となります。

　納税が猶予された贈与税額は、贈与者の死亡等により、その全部または一部について納付が免除されます。また、本特例の適用にかかる贈与者が死亡した場合には、後継者（特例事業受贈者）が特例受贈事業用資産を相続等により贈与時の価額で取得したものとみなされ、その贈与者にかかる相続税が計算されます。この場合、一定の要件を満たすことにより、後継者は相続等により取得したとみなされた特例受贈事業用資産について、「相続税の個人版事業承継税制」（本章Q63参照）の適用を受けることができます。

解説
① 納税猶予される贈与税額の計算

　納税猶予される贈与税額（以下「納税猶予贈与税額」）は、後継者

が贈与により取得した特例受贈事業用資産に対応する贈与税の額で、次の手順で計算した金額となります（租税特別措置法70条の6の8第2項3号）。

| ステップ1 | 贈与を受けた全ての財産の価額の合計額に基づき贈与税を計算します。 |

A　1年間(1月1日〜12月31日)に贈与を受けた全ての財産の価額の合計額（不動産、預貯金、特定事業用資産等） → 贈与税の計算 → ①Aに対する贈与税

| ステップ2 | 贈与を受けた財産が本特例の適用を受ける特定事業用資産<u>のみ</u>であると仮定して贈与税を計算します。 |

B　本特例の適用を受ける特定事業用資産の額＊ → 贈与税の計算 → ②Bに対応する贈与税

相続時精算課税を適用する(注)場合には、「相続時精算課税」を選択した贈与者ごとに、この制度の適用を受ける特定事業用資産の額の合計額から、特別控除額2,500万円（前年以前にこの特別控除を適用した金額がある場合は、その金額を控除した残額）を控除した残額に20%の税率をかけた金額を算出し、その合計額が②の贈与税額となります。
＊Bの計算上、特定事業用資産とともに引き受けた債務がある場合には、特定事業用資産の額から、その債務（事業に関するもの以外の債務であることが明らかなものを除きます。）の額を控除します。

| ステップ3 | 「②の金額」が「納税が猶予される贈与税」となります。 |

なお、「①の金額」から「納税が猶予される贈与税（②の金額）」を控除した「③の金額（納付税額）」は、贈与税の申告期限までに納付する必要があります。

| ② 猶予税額 | ③ (=①−②) 納付税額 |

出典：国税庁「個人の事業用資産についての贈与税・相続税の納税猶予・免除（個人版事業承継税制）のあらまし」

（注）相続時精算課税制度（第3章Q22参照）を選択した個人が本特例の適用を受ける場合には、相続時精算課税制度の適用を受ける受贈者の範囲が、通常の「贈与者の20歳以上＊の推定相続人・孫」のほか、これらの者以外の20歳以上＊の特例受贈事業用資産を取得した特例事業受贈者にまで拡大されます（同70条の2の7第1項）。

＊令和4年4月1日以後の贈与については、「18歳以上」となります（改正法附則1条11号）。

② 納税猶予の打切り

特例事業受贈者が本特例の適用にかかる事業を廃止する等、一定の事由（確定事由）に該当する場合には、納税猶予の期限が到来（＝猶予の打切り）となり、納税猶予贈与税額の全部または一部について、

第6章　事業承継税制その他事業承継にかかる税制の特例

利子税とともに納付する必要があります。その確定事由のうち主なものと、納税猶予が打切りになる日を挙げると、次の1および2のとおりになります。

1　納税猶予贈与税額の全額とそれにかかる利子税の納付が必要な場合

(1)　特例事業受贈者が事業を廃止した場合または破産手続き開始の決定があった場合

…その事業を廃止した日、またはその決定があった日から2ヶ月を経過する日（租税特別措置法70条の6の8第3項1号）。

(2)　本特例の適用対象となる事業が、資産保有型事業もしくは資産運用型事業（本章Q61①3(6)参照）またはいわゆる風営法の性風俗関連特殊営業に該当した場合

…その該当することとなった日から2ヶ月を経過する日（同項2号）。

(3)　特例事業受贈者のその年の本特例の適用対象となる事業にかかる事業所得の総収入金額がゼロとなった場合

…その年の12月31日から2ヶ月を経過する日（＝その年の翌年2月28日。同項3号）。

(4)　特例事業受贈者の本特例の適用にかかる所得税の青色申告の承認を取消された場合

…その承認が取消された日から2ヶ月を経過する日（同項5号）

2　1の場合以外の事由（特例受贈事業用資産が後継者の事業の用に供されなくなった場合）

(1)　**原　則**

特例受贈事業用資産の全部又は一部が後継者（特例事業受贈者）の事業の用に供されなくなった場合（上記1の確定事由に該当する場合

255

を除きます。）には、原則として納税猶予贈与税額のうち、その〈事業の用に供されなくなった部分に対応する部分の額〉については、事業の用に供されなくなった日から2ヶ月を経過する日をもって納税猶予が打切りとなります（租税特別措置法70条の6の8第4項本文）。

⑵　納税猶予が継続される場合

上記⑴に該当する場合であっても、次の①～③のいずれかに該当するときは、納税猶予贈与税額の全部または一部につき、その猶予が継続されます。

① 特例受贈事業用資産を陳腐化等の事由により廃棄した場合において、税務署長にその旨の書類等を提出したとき（租税特別措置法70条の6の8第4項かっこ書、同施行令40条の7の8第18項）。

② 特例受贈事業用資産を譲渡した場合において、その譲渡があった日から1年以内にその譲渡の対価の額の全部または一部で特例事業受贈者の事業用資産を取得する見込みであることにつき、税務署長の承認を受けたとき（租税特別措置法70条の6の8第5項）。

③ 特定申告期限^(注)の翌日から5年を経過する日後の会社の設立に伴う現物出資により、全ての特例受贈事業用資産を移転した場合において、その移転につき、税務署長の承認を受けたとき（同法第6項）。

（注）特定申告期限とは、特例事業受贈者にかかる①最初の本特例の適用にかかる贈与の日を含む年分の贈与税の申告期限、または②最初の「相続税の個人版事業承継税制」（本章Q63参照）にかかる相続税の申告期限のいずれか早い日をいいます。

③　納税猶予贈与税額の免除とその後の課税

1　先代事業者等（贈与者）の死亡等の場合の免除

⑴　制度の概要

非上場株式等に係る納税猶予贈与税額は、次の事由が生じた場合に

は、免除されます（租税特別措置法70条の6の8第14項前段）。

① 贈与者の死亡の時以前に後継者（特例事業受贈者）が死亡した場合（同項1号）

② 先代事業者等（贈与者）が死亡した場合（同項2号）

③ 特例事業受贈者が特定申告期限から5年を経過する日後に、特例受贈事業用資産の全てについて、免除対象贈与^(注)を行った場合（同項3号）

（注）免除対象贈与とは、特例受贈事業用資産が（次の）後継者に贈与され、その贈与を受けた後継者が本特例の適用を受ける場合における贈与をいいます。

④ 特例事業受贈者が介護保険法による要介護認定等、事業を継続することができなくなったことについて、やむを得ない理由がある場合（同項4号）

⑵ 免除届出書の提出

特例事業受贈者が1の免除の適用を受けようとする場合は、その該当することとなった日から同日（⑴③に該当する場合は、その特例受贈事業用資産の贈与を受けた者がその特例受贈事業用資産について本特例の適用に係る贈与税の申告書を提出した日）以後6ヶ月を経過する日までに、一定の事項を記載した届出書を税務署長に提出する必要があります（租税特別措置法70条の6の8第14項後段））。

2 特例事業受贈者の破産手続開始決定等があった場合等の免除

⑴ 制度の概要

特例事業受贈者が特例事業用資産の事業を廃止した等の場合は、前述**2**1⑴のとおり、原則として納税猶予が打切られます。ただし、①特例事業受贈者の破産手続開始決定等があった場合や、②特例事業受贈者の事業の継続が困難な一定の事由が生じた場合において、特例事業受贈者が特例受贈事業用資産の全てを譲渡または事業を廃止したと

きその他一定の場合には、納税猶予贈与税額のうち一定の部分については、税務署長への免除申請の提出により、免除される場合があります。この他にも同様の取扱いをする場合が認められていますが、その詳細については税理士にご確認ください（租税特別措置法70条の6の8第16項等）。

⑵　税務署長の処分

税務署長は、⑴の申請書の提出があった場合は、その申請書の記載事項について調査をし、その申請書にかかる贈与税の免除または申請の却下を行います（租税特別措置法70条の6の8第21項）。

④　本特例にかかる贈与者が死亡した場合の相続税の課税とその納税猶予等の特例

本特例にかかる特例事業受贈者の死亡前に贈与者が死亡した場合には、特例事業受贈者が、本特例の適用を受けた特定事業用資産を相続又は遺贈により取得したものとみなされ、相続税が課税されます。この場合において、贈与者にかかる相続税の課税価格計算に算入される特定事業用資産の価額は、その贈与者から贈与を受けた時における価額*となります（租税特別措置法70条の6の9第1項）。

＊贈与を受けた時に特例事業受贈者が引き受けた債務の額がある場合は、その控除後の金額となります（同項かっこ書、同法70条の6の8第2項3号イ）。

なお、本特例の適用を受けた特定事業用資産につき、上記の取扱いを受ける特例事業受贈者は、都道府県知事の確認（経営承継円滑化法施行規則13条第6項、第9項）を受け、担保の提供その他一定の要件を満たすことにより、相続税の個人版事業承継税制（租税特別措置法70条の6の10）の適用を受けることができます。

（山崎　信義）

★★★
相続税の個人版事業承継税制の適用要件と適用を受けるための手続

Q63

相続税の個人版事業承継税制(以下「本特例」)の適用要件(特定事業用資産の要件を除く)と適用を受けるための手続について教えてください。

後継者である個人が本特例の適用を受けるためには、まず令和6年3月31日までに「個人事業承継計画」(後述①1参照)を作成のうえ、その記載事項について都道府県知事の確認を受ける必要があります。後継者および被相続人は、それぞれ本特例の適用を受けるためには後述の一定の要件を満たすことが求められ、その要件を満たすことにつき都道府県知事の認定(後述②1参照)を受ける必要もあります。また、後継者は、本特例の適用を受ける旨を記載した相続税の申告を行い、その申告期限までに担保の提供を行うことも必要です。納税猶予を継続するためには、一定の届出等の手続を行う必要もあります。

―――― 解説 ――――

① 本特例の適用要件

1　個人事業承継計画に関する都道府県知事の確認

本特例の適用を受けるためには、後継者である個人が、平成31(2019)年4月1日から令和6(2024)年3月31日までの間に、被相続人の事業を確実に承継するための具体的な計画である「個人事業承継計画」(経営承継円滑化法施行規則16条3号)に関し、一定の要件を満たす者であることについて都道府県知事に確認(経営承継円滑化法施行規則17条第1項3号)を受けることが必要です(租税特別措

置法70条の6の10第2項2号ト、同施行規則23条の8の9第4項）。

　上記の確認を受けようとする後継者は、所定の申請書に一定の書類を添付して都道府県知事に提出する必要があります（経営承継円滑化法施行規則17条第4項）。その申請書には、後継者候補（個人事業承継者）の氏名、事業承継の予定時期、承継時までの経営見通しや承継の事業計画等を記載し、さらに認定経営革新等支援機関（認定支援機関）による指導および助言を受けた旨を記載します。この申請書の提出先は、先代事業者の主たる事務所の所在地を管轄する都道府県庁です（中小企業庁「個人版事業承継税制の前提となる経営承継円滑化法の認定申請マニュアル」参照）。

2　後継者が「特例事業相続人等」であること

　特例事業相続人等とは、下記3の被相続人から相続または遺贈（以下「相続等」）により特定事業用資産（本章Q60参照）の取得をした個人で、次に掲げる要件（被相続人が60歳未満で死亡した場合には、⑵に掲げる要件を除きます。）の全てを満たす者をいいます（租税特別措置法70条の6の10第2項2号）。

⑴　その個人が、経営承継円滑化法第2条に規定する中小企業者（第1章Q8参照）に該当し、本特例の適用要件を満たすことにつき同法12条第1項の都道府県知事の認定を受けていること（後述2１参照）。

⑵　その相続開始の直前において、特定事業用資産にかかる事業^(注)に従事していたこと。

　　（注）①その事業と同種または類似の事業にかかる業務、および②その事業に必要な知識および技能を習得するための高等学校、大学等における就学を含みます（租税特別措置法施行規則23条の8の9第1項、同23条の8の8第5項）。

⑶　その相続の開始の時からその相続にかかる相続税の申告期限

（申告期限前にその個人が死亡した場合には、その死亡の日。下記(4)において同じ。）までの間に、その特定事業用資産にかかる事業を引継ぎ、その申告期限まで引き続きその特定事業用資産の全てを有し、かつ、自己の事業の用に供していること。

(4) その相続にかかる相続税の申告期限において、所得税法の規定によりその特定事業用資産に係る事業について開業届出書を提出し、かつ所得税の青色申告の承認（所得税法143条、147条）を受けていること。

(5) その特定事業用資産に係る事業が、その相続の開始の時において、資産保有型事業および資産運用型事業[注]ならびにいわゆる風営法が規定する性風俗関連特殊営業のいずれにも該当しないこと。

> (注)「資産保有型事業」とは、原則、相続の日を含む年の前年1月1日から、その特例事業相続人等の相続税の納税猶予税額の全額の猶予の期限が確定（猶予の打切り）する日までの期間のいずれかの日において、その日におけるその事業に係る貸借対照表上の総資産の帳簿価額のうち、現預金、有価証券、自ら使用していない不動産その他の資産（以下「特定資産」）の占める割合が70％以上となる事業をいいます（租税特別措置法70条の6の10第2項4号、同法70条の6の8第2項4号、同施行令法40条の7の8第2項14号）。
>
> 「資産運用型事業」とは、原則、特例受贈事業用資産の相続の日を含む年の前年1月1日から、その特例事業相続人等の相続税の納税猶予税額の全額の猶予の期限が確定（猶予の打切り）する日までの期間のいずれかの年において、事業所得に係る総収入金額に占める特定資産の運用収入の合計額の占める割合が75％以上となる事業をいいます（租税特別措置法70条の6の10第2項5号、同法70条の6の8第2項5号、同施行令40条の7の8第17項）。

(6) その個人の被相続人から相続等により財産を取得した者が、特定事業用宅地等（租税特別措置法69条の4第3項1号）にかかる

小規模宅地等の特例（同第1項。本章Q60参照）の適用を受けていないこと。

(7) 前述1の個人事業承継計画の確認（経営承継円滑化法施行規則17条第1項3号）を受けていること等、被相続人の事業を確実に承継すると認められる一定の要件を満たしていること。

3 被相続人が満たすべき要件

本特例の適用を受けるためには、被相続人が次の(1)または(2)のいずれに該当するかに応じて、それぞれに定める要件を満たすことが必要です。

(1) 被相続人が先代事業者の場合

その事業について、その相続の開始の日を含む年、その前年およびその前々年の所得税の確定申告書を青色申告書（租税特別措置法25条の2第3項に規定する65万円の青色申告特別控除にかかるものに限ります。）により税務署長に提出していること（租税特別措置法施行令40の7の10第1項1号）。

(2) 被相続人が先代事業者以外の場合

次の①および②の要件の全てを満たす者であることが必要です（同項2号）。

① 上記(1)の相続の直前において、(1)の先代事業者と生計を一にする親族であること^(注)。

(注) 本特例の適用を受けようとする者が、その相続の時前に贈与（死因贈与を除きます。）により取得したその特定事業用資産に係る事業と同一の事業に係る他の資産について、贈与税の個人版事業承継税制（本章Q61参照）の適用を受けようとする場合または受けている場合は、その先代事業者である贈与者（本章Q61①4参照）からの贈与の直前において、その贈与者と生計を一にしていた親族であること。

262

第6章　事業承継税制その他事業承継にかかる税制の特例

② 上記(1)の先代事業者の本特例の適用に係る相続の開始の時後に開始した相続にかかる被相続人[注]であること。

(注) 本特例の適用を受けようとする者が、その相続の開始前に贈与により取得した本特例の適用を受けようとする特定事業用資産にかかる事業と同一の事業に係る他の資産について、贈与税の個人版事業承継税制の適用を受けようとする場合または受けている場合には、「【贈与税の個人版事業承継税制の贈与者（本章Q61①4参照）のうち、先代事業者であるもの】からの贈与の時後に開始した相続*にかかる被相続人」となります。

　＊その相続は、平成31（2019）年1月1日から令和10（2028）年12月31日までの間の相続で、次の［1］または［2］に掲げる日から1年を経過する日までの相続に限ります（租税特別措置法70条の6の10第1項かっこ書、同施行令40の7の8第2項）。

　［1］本特例の適用にかかる相続の開始の日

　［2］本特例の適用を受けようとする者が、本特例に係る相続の開始の時前に贈与により取得した特定事業用資産にかかる事業と同一の事業にかかる他の資産について、贈与税の個人版事業承継税制の適用を受けようとする場合、または受けている場合は、最初の贈与税の個人版事業承継税制の適用にかかる贈与の日

② 適用を受けるための手続

1 都道府県知事の認定

　本特例の適用を受けるためには、後継者が経営承継円滑化法12条第1項の都道府県知事の認定である、「特例円滑化法認定」（租税特別措置法70条の6の8第2項2号ロ）を受ける必要があります（同70条の6の10第2項ニイ、前述①2(1)参照）。この認定の申請は、原則として、その特定事業用資産にかかる相続の開始の日の翌日から8ヶ月を経過する日までに、後継者の主たる事務所の所在地を管轄する都道府県知事に対して行います（経営承継円滑化法施行規則7条第11

263

項、第13項）。

　この申請の窓口となる都道府県の担当課の連絡先は、中小企業庁の
ホームページで確認できます。

【中小企業庁ホームページ】

https://www.chusho.meti.go.jp/zaimu/shoukei/2019/190401sh
oukeizeiseimadoguchi.pdf

2　相続税の申告

　後継者は1の都道府県知事の認定を受けた後、相続税の申告期限ま
でにこの特例の適用を受ける旨を記載した相続税の申告書に、都道府
県知事から交付された前述1の認定書の写しその他一定の書類を添付
して提出することが必要です（租税特別措置法70条の6の10第1項、
第9項、同施行規則23の8の9第14項）

3　担保の提供

　2の相続税の申告書の提出期限までに、納税猶予される相続税額お
よび利子税の額に見合う担保を提供することが必要です（租税特別措
置法70条の6の10第1項）。

4　納税猶予期間中に行うべき手続

　特例事業相続人等（後継者）が引き続き納税猶予の適用を受けるた
めには、その旨および一定の事項を記載した届出書を、届出期限まで
に税務署長に提出する必要があります（租税特別措置法70条の6の
10第10項、同施行令40条の8第26項）。

　この場合の届出期限とは、特定申告期限^{（注）}の翌日から3年を経過
するごとの日の翌日から3ヶ月を経過する日をいいます。

　この届出書を届出期限までに提出しない場合には、原則として相続
税の納税猶予が打切られ（租税特別措置法70条の6の10第12項）、

第6章 事業承継税制その他事業承継にかかる税制の特例

納税猶予された相続税額と利子税の額を納付しなければなりません（同第26項）。

（注）特定申告期限とは、特例事業相続人等にかかる①最初の本特例の適用にかかる相続税の申告期限、または②最初の贈与税の個人版事業承継税制（本章Q61参照）の適用にかかる贈与の日を含む年分の贈与税の申告期限のいずれか早い日をいいます（同第6項）。

（山崎　信義）

★★★ 相続税の個人版事業承継税制における納税猶予される相続税額の計算、猶予の打切りおよび免除

Q64

相続税の個人版事業承継税制（以下「本特例」）における、納税猶予される相続税額の計算、猶予の打切りおよび免除の概要について教えてください。

後継者が本特例の適用を受ける場合には、その被相続人（本章Q63①3参照）から相続または遺贈（以下「相続等」）により取得した特定事業用資産（本章Q60②参照）の課税価格に対応する相続税の納税が猶予されます。納税が猶予された相続税額は、後継者（特例事業相続人等）が本特例の適用を受けた特定事業用資産（以下「特例事業用資産」）を引き続き保有し、その事業を継続すること等の要件を満たすことにより猶予が継続され、要件を満たさなくなった場合には、猶予期限の確定（＝猶予の打切り）となります。

納税が猶予された相続税額は、特例事業相続人等の死亡等により、その全部または一部について納付が免除されます。

解説

① 納税猶予される相続税額の計算

納税猶予される相続税額（以下「納税猶予相続税額」）は、後継者が相続等により取得した特例事業用資産に対応する相続税の額で、次の手順で計算した金額となります（租税特別措置法70条の6の10第2項3号）。

第6章 事業承継税制その他事業承継にかかる税制の特例

| ステップ1 | 正味の遺産額に基づき後継者の相続税を計算します。 |

| 後継者以外の相続人等が取得した財産の価額の合計額 | 後継者が取得した全ての財産の価額の合計額（不動産、預貯金、特定事業用資産） | → 相続税の計算 → | ①後継者の相続税額 |

| ステップ2 | 後継者が取得した財産が特例措置の適用を受ける特定事業用資産のみであると仮定して後継者の相続税を計算します。 |

| 後継者以外の相続人等が取得した財産の価額の合計額 | A 特例措置の適用を受ける特定事業用資産の額* | → 相続税の計算 → | ②Aに対応する後継者の相続税 |

＊Aの計算上、後継者が負担した債務や葬式費用の額がある場合には、その債務（事業に関するもの以外の債務であることが明らかなものを除きます。）の額を特定事業用資産の額から控除します。

| ステップ3 | 「②の金額」が「納税が猶予される相続税」となります。 |

なお、「①の金額」から「納税が猶予される相続税（②の金額）」を控除した「③の金額（納付税額）」は相続税の申告期限までに納付する必要があります。

| ④猶予税額 | ③(=①-②)納付税額 |

出典：国税庁「個人の事業用資産についての贈与税・相続税の納税猶予・免除（個人版事業承継税制）のあらまし」

② 納税猶予の打切り

　特例事業相続人等が本特例の適用にかかる事業を廃止する等、一定の事由（確定事由）に該当する場合には、納税猶予の期限が到来（＝猶予の打切り）となり、納税猶予相続税額の全部または一部について、利子税とともに納付する必要があります。その確定事由のうち主なものと、納税猶予が打切りになる日を挙げると、次の１および２のとおりです。

1 納税猶予相続税額の全額とそれにかかる利子税の納付が必要な場合

(1) **特例事業相続人等が事業を廃止した場合または破産手続開始の決定があった場合**

　…その事業を廃止した日、またはその決定のあった日から２ヶ月を経過する日（租税特別措置法70条の6の10第3項1号）。

(2) 本特例の適用対象となる事業が、資産保有型事業もしくは資産

267

運用型事業（本章Q61 □3⑹参照）またはいわゆる風営法の性風俗関連特殊営業に該当した場合

…その該当することとなった日から2ヶ月を経過する日（同項2号）。

⑶　特例事業相続人等のその年の本特例の適用対象となる事業にかかる事業所得の総収入金額がゼロとなった場合

…その年の12月31日から2ヶ月を経過する日（＝その年の翌年2月28日。同項3号）。

⑷　特例事業相続人等の本特例の適用にかかる所得税の青色申告の承認を取消された場合

…その承認が取消された日から2ヶ月を経過する日（同項5号）

2　1の場合以外の事由（特例事業用資産が後継者の事業の用に供されなくなった場合）

⑴　**原　則**

特例事業用資産の全部又は一部が後継者（特例事業相続人等）の事業の用に供されなくなった場合（上記1の確定事由に該当する場合を除きます。）には、原則として納税猶予相続税額のうち、その〈事業の用に供されなくなった部分に対応する部分の額〉については、事業の用に供されなくなった日から2ヶ月を経過する日をもって納税猶予が打切りとなります（租税特別措置法70条の6の10第4項）。

⑵　**納税猶予が継続される場合**

上記⑴に該当する場合であっても、次の①〜③のいずれかに該当するときは、納税猶予相続税額の全部または一部につき、その猶予が継続されます。

①　特例事業用資産を陳腐化、腐食、損耗等の事由により廃棄した場合において、税務署長にその旨の書類等を提出したとき（租税特別措置法70条の6の10第4項かっこ書、同施行令40条の7の10第15項）。

② 特例事業用資産を譲渡した場合において、その譲渡があった日から1年以内にその譲渡の対価の額の全部または一部で特例事業相続人等の事業用資産を取得する見込みであることにつき、税務署長の承認を受けたとき（租税特別措置法70条の6の10第5項）。

③ 特定申告期限^(注)の翌日から5年を経過する日後の会社の設立に伴う現物出資により、全ての特例事業用資産を移転した場合において、その移転につき、税務署長の承認を受けたとき（同法第6項）。

（注）特定申告期限とは、特例事業相続人等にかかる［1］最初の本特例の適用にかかる相続税の申告期限、または［2］最初の贈与税の個人版事業承継税制（本章Q61参照）の適用にかかる贈与の日を含む年分の贈与税の申告期限のいずれか早い日をいいます。

③ 納税猶予相続税額の免除とその後の課税

1 後継者（特例事業相続人等）の死亡等の場合の免除

⑴ 制度の概要

非上場株式等に係る納税猶予相続税額は、次の事由が生じた場合には免除されます（租税特別措置法70条の6の10第15項前段）。

① 後継者（特例事業相続人等）が死亡した場合（同項1号）

② 特例事業相続人等が特定申告期限から5年を経過する日後に、特例事業用資産の全てについて免除対象贈与^(注)を行った場合（同項2号）

（注）免除対象贈与とは、特例事業用資産が（次の）後継者に贈与され、その贈与を受けた後継者が贈与税の個人版事業承継税制の適用を受ける場合における贈与をいいます。

③ 特例事業相続人等が介護保険法による要介護認定等、事業を継続することができなくなったことについて、やむを得ない理由がある場合（同項3号）

⑵　**免除届出書の提出**

　特例事業相続人等が1の免除の適用を受けようとする場合は、その該当することとなった日から同日（⑴③に該当する場合は、その特例事業用資産を相続等により取得した者がその特例事業用資産について本特例の適用に係る相続税の申告書を提出した日）以後6ヶ月を経過する日までに、一定の事項を記載した届出書を税務署長に提出する必要があります（租税特別措置法70条の6の10第15項後段）。

2　特例事業相続人等の破産手続開始決定等があった場合等の免除

⑴　**制度の概要**

　特例事業相続人等が特例事業用資産の事業を廃止した等の場合は、前述**2**1⑴のとおり、原則として納税猶予が打切られます。ただし、①特例事業相続人等の破産手続開始決定等があった場合や、②特例事業相続人等の事業の継続が困難な一定の事由が生じた場合において、特例事業相続人等が特例事業用資産の全てを譲渡または事業を廃止したときその他一定の場合には、納税猶予相続税額のうち一定の部分については、税務署長への免除申請の提出により、免除される場合があります。この他にも同様の取扱いをする場合が認められていますが、その詳細については税理士にご確認ください（租税特別措置法70条の6の10第17項等）。

⑵　**税務署長の処分**

　税務署長は、⑴の申請書の提出があった場合は、その申請書の記載事項について調査をし、その申請書にかかる相続税の免除または申請の却下を行います（租税特別措置法70条の6の10第22項）。

（山崎　信義）

中小企業・小規模事業者の再編・統合等にかかる登録免許税・不動産取得税の軽減措置

Q65

中小企業・小規模事業者の再編・統合等に伴い、事業の譲受けを行った場合の登録免許税・不動産取得税の軽減措置について教えてください。

後継者不在のため事業承継が行えない中小企業について、M＆Aによる再編等による事業の継続等を図ることを支援するため、認定を受けた経営向上計画に基づいて事業を譲り受けた者について、登録免許税と不動産取得税を軽減する措置が創設されました。

解説

1 軽減措置の概要

1 登録免許税

次の事項について登記を受ける場合で、その事項が、中小企業等経営強化法（以下「経営強化法」）14条第2項に規定する認定経営力向上計画（同法13条第2項3号の経営力向上の内容として同法第2条第10項に規定する事業承継等を行う旨の記載があるものに限ります。）にかかるもので、かつ令和2年3月31日までに認定を受けたものであるときは、これらの認定の日から1年以内に登記を受けるものについては、不動産の所有権の取得にかかる登録免許税が以下の税率に軽減されます（租税特別措置法80条第3項）。

(1) 事業に必要な資産の譲受けの場合　1.6％（通常2.0％）
(2) 合併による場合　0.2％（通常0.4％）

⑶　分割による場合　0.4%（通常2.0%）

2　不動産取得税

　中小事業者（租税特別措置法10条第7項6号）又は中小企業者（同42条の4第8項7号）が経営強化法14条第2項に規定する認定経営力向上計画（同法13条第2項3号の経営力向上の内容として同法2条第10項7号の事業の譲受けが記載されているものに限ります。）に従って事業の譲受けを行い、令和2年3月31日までに不動産を取得した場合には、不動産取得税の課税標準の6分の1相当額が減額されます（地方税法附則11条第16項）。したがって、この軽減措置の適用を受ける場合は、不動産取得税額が通常の税額の6分の5相当額となります。

　なお、この不動産取得税の軽減措置は事業の譲受けの場合に限られており、合併や一定の要件を満たす分割の場合は、不動産取得税は非課税となります（地方税法73条の7第2号）。

②　経営力向上計画にかかる認定の手続について

1　認定経営力向上計画とは

　①の登録免許税・不動産取得税の軽減措置の適用要件とされる、「認定経営力向上計画」とは、経営強化法13条第1項に規定する「経営力向上計画」で事業分野別の主務大臣の認定を受けたものをいいます。「経営力向上計画」は、人材育成、コスト管理等のマネジメントの向上や設備投資など、自社の経営力を向上するために実施する計画で、認定された事業者は、計画実行のための支援措置（税制措置や金融支援）を受けることができます。

　認定を受けることができる「中小企業者等」の規模は、①資本金額10億円以下または②従業員数が2,000人以下であることが要件とされます（経営強化法2条第2項、同施行令2条第1項、第3項）。税制

措置・金融支援によって対象となる規模要件が異なりますので、中小企業庁が作成する最新の「税制措置・金融支援の活用の手引き」を確認する必要があります。

2　認定の手続

中小企業庁作成の「経営力向上計画策定の手引き」に記載の手続方法をまとめると、以下のとおりとなります。

⑴　手続の流れ

① 要件や手続き等を確認し、適用を受けるための準備をします。
② 経営力向上計画を策定します。策定時のポイントは以下のとおりです。
　　イ．「日本標準産業分類」で該当する事業分野を確認します（事業分野について計画書に記載する必要があります。）
　　ロ．事業分野別指針を確認します。
　　ハ．事業分野別指針を踏まえて経営力向上計画を策定します。
③ 各事業分野の主務大臣に経営力向上計画の申請をし、認定を受けます。
　　認定を受けた場合、主務大臣から計画認定書と計画申請書の写しが交付されます（申請から認定までの標準処理期間は30日、複数省庁にまたがる場合の処理期間は45日です）。
④ 経営力向上計画を開始し、取組を実行します。

⑵　経営力向上計画の認定申請書の提出先

事業分野によって異なるため、「日本標準産業分類」で該当する事業分野の中分類・細分類項目名を確認します。その上で、中小企業庁ホームページに掲載されている「事業分野と提出先」により提出先を確認する必要があります。

（吉濱　康倫）

参考文献

「平成29年版　所得税基本通達逐条解説」（森谷義光他　共編、大蔵財務協会）

「平成30年12月改訂版　相続税法基本通達逐条解説」（大野隆太編、大蔵財務協会）

「平成30年版　財産評価基本通達逐条解説」（北村厚編、大蔵財務協会）

「九訂版　法人税基本通達逐条解説」（佐藤友一郎編著、税務研究会）

「事業承継関連法の解説」（独立行政法人中小企業基盤整備機構）

「相続法改正対応　税理士のための相続をめぐる民法と税法の理解」（関根稔編著、ぎょうせい）

「会社法マスター115講座」（葉玉匡美他　編著、ロータス21）

「『事業承継を円滑に行うための遺留分に関する民法の特例』」（中小企業庁）

「事業承継ガイドライン」（中小企業庁）

「事業引継ぎハンドブック」（中小企業庁）

「特例承継計画に関する指導及び助言を行う機関における事務について」（中小企業庁）

「中小企業等経営強化法―経営力向上計画策定の手引き」（中小企業庁）

「中小企業等経営強化法に基づく税制措置・金融支援活用の手引き」（中小企業庁）

「中間整理～信託を活用した中小企業の事業承継の円滑化に向けて～」（信託を活用した中小企業の事業承継円滑化に関する研究会）

「『経営者保証に関するガイドライン』のポイント」（独立行政法人中小企業基盤整備機構）

「非上場株式等についての贈与税・相続税の納税猶予・免除（法人版事業承継税制）のあらまし（令和元年5月）」（国税庁）

「個人の事業用資産についての贈与税・相続税の納税猶予・免除（個人版事業承継税制）のあらまし（令和元年5月）」（国税庁）

「税理士なら知っておきたい事業承継対策の法務・税務Q&A」（税理士法人タクトコンサルティング編、中央経済社）

「図解　相続対策で信託を使いこなす」（宮田房枝著、中央経済社）

編著者紹介

【編著】

税理士法人タクトコンサルティング

e-mail:info@tactnet.com
URL:http//www.tactnet.com
TEL/ 03-5208-5400　　FAX/ 03-5208-5490

税理士・公認会計士の専門家集団として、併設する株式会社タクトコンサルティングと連携して、相続対策と相続税申告、事業承継対策、資本政策、組織再編成、Ｍ＆Ａ、信託、社団・財団、医療法人等の特殊業務にかかる現状分析、問題点抽出、解決手段の立案・実行という一貫したサービスを提供している資産税専門のコンサルティングファーム。株式会社タクトコンサルティングでは商事信託媒介（信託契約代理業務）も取扱う。
その特性を活かし、全国の会計事務所と提携し、当該会計事務所の顧問先に対する資産税サービスを提供している。

【執筆者】

(50音順)

税理士・公認会計士	芦　沢　亮　介
税理士	飯　田　美　緒
税理士	岡　　　隆　充
税理士・公認会計士	小野寺　太　一
税理士	亀　山　孝　之
税理士	川　嶋　克　彦
税理士	髙　橋　大　貴
税理士	宮　田　房　枝
税理士	森　　　繁之助
税理士	山　崎　信　義
税理士	吉　濱　康　倫

改正相続法・税制改正対応
"守りから攻め"の事業承継対策 Q&A

令和元年 9 月20日　第 1 刷発行

編　著　　税理士法人タクトコンサルティング

発　行　　株式会社 ぎょうせい

〒136-8575　東京都江東区新木場 1 - 18 - 11
電話　編集　03-6892-6508
営業　03-6892-6666
フリーコール　0120-953-431

〈検印省略〉

URL：https://gyosei.jp

印刷　ぎょうせいデジタル㈱　　　　　　　©2019 Printed in Japan
※乱丁・落丁本はお取り替えいたします。

ISBN978-4-324-10711-9
(5108553-00-000)
〔略号：事業承継 Q&A（改正相続法）〕